DECRETOS
PARA CADA DÍA DEL AÑO

DECRETOS
PARA CADA DÍA DEL AÑO

JESUS MARTINEZ

Número de Control de la Biblioteca del Congreso de EE. UU.:   2012908607
ISBN: Tapa Blanda   978-1-4633-2933-4
                        Libro Electrónico   978-1-4633-2932-7

Este Libro fue impreso en los Estados Unidos de América.

Para pedidos de copias adicionales de este libro, por favor contacte con:
Palibrio
1663 Liberty Drive, Suite 200
Bloomington, IN 47403
Llamadas desde los EE.UU. 877.407.5847
Llamadas internacionales +1.812.671.9757
Fax: +1.812.355.1576
ventas@palibrio.com
407858

Enero Primero.

Comienza el año reconociendo a tu Creador.

Dios
es la
única
presencia
y el
único
poder.

La presencia infinita de Dios es lo único que existe en el Universo. Aprende a estar consciente de la presencia única de Dios en tu vida y el Universo te apoyará en todo lo que emprendas. Dios te dice a todo que sí cuando reconoces tu unidad con Él.

Enero 2

Dios es la única verdad en mi vida.

Aprende a ver a Dios en toda la creación. Dios es la única fuerza creadora y manifestadora que existe en el Universo. Cuando reconoces que Dios es la única verdad, todo se armoniza, todo lo negativo se desvanece y da paso a la manifestación de las verdades eternas.

Enero 3

Dios
es la
única
fuente
de todo
lo que
necesito.

Cuando reconoces que Dios es tu único proveedor desaparece el miedo al fracaso o la limitación. No son las personas o las instituciones las que te proveen de lo que necesitas, es Dios a través de ellas. Vive consciente de que Dios es un padre amoroso y generoso que te provee de todo lo que necesitas en forma abundante.

Enero 4

Dios
es mi
provisión y
suministro.
Ahora tengo
todo lo
que necesito.

Desde el momento mismo de tu creación, Dios te ha provisto de todo lo que puedas necesitar. Todo lo que necesitas ya está ahí, sólo tienes que reclamarlo. "Todo lo que pidas en oración, creyendo que ya te ha sido dado, te será concedido" Reclama la parte del Universo que te corresponde.

Enero 5

Dios
y
Yo
somos
un
sólo
ser.

Dios te creó a su imagen y semejanza. Tal como un padre biológico hereda a su hijo sus características físicas, así mismo, Dios te ha heredado sus cualidades espirituales. Esa es tu herencia divina.

Enero 6

Dios
es
amor
infinito
y
armonía perfecta.

En el corazón de Dios sólo existe el amor. Toda la creación es producto del infinito amor divino. En la mente universal sólo existen pensamientos perfectos, por lo tanto, sólo existe la armonía perfecta. Dios está en el corazón de cada uno de nosotros, Dios es armonía perfecta, por lo tanto, todas las desarmonías o conflictos entre las personas son sólo apariencia. Dios no se enemista consigo mismo. Reconoce tu unidad con Dios, reconoce el Cristo Interior en el corazón de cada persona con la cual tengas algún conflicto, decreta armonía perfecta entre esa persona y tú y todos los conflictos se desvanecerán.

Enero 7

Dios
es la
inteligencia
infinita
que creó y sostiene
el Universo.

Todo lo que existe es Dios. Dios es la única fuerza creadora que existe en el Universo. Dios creó el Universo, por lo tanto, el Universo está en perfecto orden. Todo aquello que no es perfecto, sólo es apariencia. Dios es todo lo que es y existe. Todo está bien.

Enero 8

Dios es
amor infinito.
Dios es
el bien perfecto.
En el Universo
sólo existe el bien
que es Dios.

El bien es lo único que existe en el Universo, todo lo que no es bueno y perfecto es sólo una apariencia y como tal puede cambiarse. Dentro de ti está el poder divino que te permite cambiar aquello que no este manifestándose de acuerdo con la verdad divina, de acuerdo con el patrón perfecto que cada cosa tiene en el plano espiritual.

Enero 9

Dios es omnipresente. Siempre estoy en la presencia de Dios.

Dios y Yo somos un solo ser, por lo tanto vaya a donde vaya, siempre estoy en la presencia infinita de Dios. Cuando dejo de estar consciente de mi unidad con Dios es cuando las cosas negativas se manifiestan. Para manifestar lo que yo realmente quiero debo mantener mi conexión con Dios en todo momento.

Enero 10

Dios es la inteligencia infinita que me guía cada día de mi vida.

Dios está ahí para ti, en todo momento. Pide su guía y El te la dará. La guía siempre llega, a veces como un pensamiento, el consejo de un amigo, a través de la lectura de algún libro o incluso por medio de un sueño. Mantente alerta a esas pequeñas corazonadas y hazles caso, te sorprenderás de cómo Dios es capaz de comunicarse contigo.

Enero 11

Dios
es el
Cristo
Interior
dentro
de mi
corazón.

"Dios está cerca de ti, más cerca aún que tu propia respiración"
Dios es la energía que habita en tu corazón, es la luz que alumbra tu camino. El Cristo Interior es la chispa divina dentro de tu corazón, es Dios que habita en ti. El Cristo Interior es tu esencia divina. Yo soy un ser espiritual, divino y perfecto.

Enero 12

Dios es lo único que existe. El Universo entero es la manifestación de Dios.

Dios es la energía espiritual que se materializa para dar forma al mundo físico. Cada átomo, molécula o ser vivo ha sido materializado por la energía creativa de Dios, por lo tanto, Dios está presente en cada átomo que da forma al Universo. Dios es la energía que da vida y forma física a todo lo que es y existe.

Enero 13

Dios es la única mente universal. Dios es energía creadora en todo momento.

La mente universal contiene todo el conocimiento, los planos y la materia prima para dar vida y forma al mundo físico. Cada uno de tus pensamientos va directamente a la mente universal y en cuanto es recibido, el Universo pone manos a la obra para manifestarlo, tal y como tú lo hayas pensado. El Universo dice que Sí a cada uno de tus pensamientos, es por eso que somos co-creadores con Dios de nuestra propia realidad, co-creadores con Dios de nuestro mundo personal.

Enero 14

Dios es la inteligencia y sabiduría infinitas expresándose a través de mi Cristo Interior.

Dios se expresa en mí a través de mi Cristo Interior y Él se expresa a través de mí. Mi Cristo Interior es mi verdadero ser espiritual expresándose a través de mi cuerpo físico, Él es mi conexión con Dios. Mi Cristo Interior es Dios en mí. Mi Cristo Interior es quien Yo Soy.

Enero 15

Dios es la única fuente. Dios es lo único que existe. Dios es el dador y el regalo a la vez.

Cuando abres tu conciencia y reconoces que Dios es todo lo que existe en el Universo, sabrás reconocer que nada hay que no contenga la energía divina. Dios es la fuente de todo, la persona que te da un regalo es Dios que se expresa a través de ella; el regalo en sí mismo también contiene a Dios. Mantente consciente de la presencia infinita de Dios a tu alrededor y dejarás de temer, vivirás la vida siempre esperando lo mejor y lo mas perfecto, pues es Dios quién te lo hace llegar.

Enero 16

Dios es mi creador y todas sus criaturas son perfectas. Yo Soy perfecto.

Dios es un ser perfecto, todo lo que Dios crea es perfecto. El Universo entero es perfecto, todos los sucesos que ocurren en el Universo tienen un propósito aunque muchos de ellos nos parezcan desastrosos. Cada suceso permite mantener el orden y la evolución perfecta del Universo. El Universo es perfecto, Yo Soy perfecto. Todo está en perfecto orden y armonía. Todo está bien.

Enero 17

Dios es la presencia infinita en el Universo. Estoy seguro a donde quiera que vaya.

Dios es todo lo que es y existe. En el Universo sólo existe el bien perfecto que es Dios. Dios está en todo lugar, por lo tanto, siempre estoy divinamente protegido.

Enero 18

Dios cuida de todas sus criaturas. Yo estoy divinamente protegido.

Todo en el Universo es importante para Dios. Toda la creación está protegida por Dios. Yo Soy importante para Dios. Yo Soy amado y protegido por el infinito amor divino.

Enero 19

Dios es amor infinito. Fui creado por amor. Yo Soy infinitamente amado.

El infinito amor de Dios por su creación nos provee de todo lo que necesitamos para vivir. Dios es un padre generoso, lleno de bondad e infinitamente rico que comparte con sus hijos todo lo que tiene. Todo lo que Dios ha creado es nuestro, es nuestra herencia divina. Dios te demuestra Su amor siendo generoso contigo. Abre tu mente a la generosidad de Dios.

Enero 20

Dios es mi provisión infinita. Mi mundo contiene todo lo que necesito.

Todo lo que necesitas está en algún lugar del Universo esperando que tú lo reclames. Desde el momento mismo de tu creación Dios te ha provisto de todo lo que tú puedas necesitar, Él sólo está esperando que lo reclames y lo sientas tuyo. Pide aquello que deseas y visualízate disfrutándolo aquí y ahora, el Universo se encargará de manifestarlo para ti.

Enero 21

Dios es el único principio y la única ley. El Universo todo, se rige por las leyes divinas.

Las leyes divinas fueron creadas y establecidas por Dios para mantener el orden universal; sin ellas, el Universo sería un caos. Estas leyes son la manera de Dios de asegurar la evolución del Universo y todas las criaturas que lo habitan. Como todas las leyes que puedas conocer, estas también tienen una "penalidad" Esta es la manera que Dios tiene de equilibrar el manejo que cada uno hace de Su energía.

Enero 22

Dios es la sabiduría infinita. Yo Soy divinamente guiado en todo momento.

Todo lo que necesito saber me es revelado. Todo el conocimiento del Universo esta almacenado en la mente universal y mi mente subconsciente está directamente conectada con ella. Cuando necesito la guía divina; relajo mi cuerpo antes de dormir y hago mi pregunta agradeciendo de antemano por la respuesta que voy a recibir. Esta puede venir a mí a través de un sueño, una corazonada o el consejo de un amigo. La respuesta siempre es clara y precisa y la reconozco inmediatamente.

Enero 23

Dios me creó a su imagen y semejanza. Yo Soy, junto con Dios, el creador de mi propio Universo.

Dios me ha heredado el poder de crear. Con mi fuerza mental y mi fe, Yo creo todas las circunstancias de mi vida. Mis creencias, positivas o negativas, crean el mundo a mi alrededor. Yo Soy el único responsable de lo que me sucede. Dios me ha dado libre albedrío para elegir en que pensar y que creer. Yo elijo lo que pido. Dios me dice a todo que sí, y el Universo trabaja a mi favor para manifestar aquello que pedí. Si quiero cambiar las circunstancias a mi alrededor lo único que tengo que hacer es cambiar mis pensamientos. Ahora elijo creencias y pensamientos positivos.

Enero 24

Dios es armonía perfecta. Todas mis relaciones son armoniosas y perfectas.

Dios es el Cristo Interior en mi corazón y en el corazón de todos los demás. Cuando yo reconozco esto, mis relaciones se vuelven armoniosas y perfectas porque Dios es Uno solo y no puede estar en guerra consigo mismo. Cuando te percates de alguna apariencia de desarmonía, bendice el Cristo Interior de aquella persona y decreta armonía perfecta entre ustedes. Verás como todo mejora.

Enero 25

Dios se manifiesta a través de toda la creación. Yo veo a Dios en toda la creación.

Nada hay más extraordinario que estar siempre consciente de la presencia de Dios en tu vida. Cuando ves a Dios en todo lo que te rodea te sientes completamente seguro y protegido, completamente feliz de saber que Dios se está haciendo cargo de todos tus asuntos y de que todo está bien en sus manos. Dios tiene todo bajo control. Deja que Él tome el mando.

Enero 26

Dios es perfección absoluta. Yo Soy un ser espiritual divino y perfecto.

Yo fui creado a imagen y semejanza de Dios. Todas las cualidades divinas de mi creador se expresan a través de mí aquí y ahora. Espiritualmente Soy perfecto, las imperfecciones de carácter son sólo resultado de los patrones mentales aprendidos. Estoy aprendiendo a expresar completamente al ser superior que habita en mí.

Enero 27

Dios es el principio universal que todo lo gobierna. Confío en las leyes universales.

Dios es el único principio y la única ley. Dios es principio y fin. Dios es todo lo es y existe. Las leyes universales creadas por Dios son leyes exactas, justas e inmutables que se aplican igualmente para todos. Estas leyes divinas o universales fueron creadas para mantener el equilibrio en la creación. Confío en las leyes universales y en la justicia divina.

Enero 28

Dios es vida eterna. Confío en el proceso de la vida y avanzo con determinación.

Soy un ser espiritual eterno. Mi cuerpo físico es sólo el medio para expresarme en este plano material. Mi ser superior desencarnará cuando sea su momento pero seguirá viviendo eternamente en el plano espiritual. Cada etapa en el proceso de la vida sirve de preparación para la próxima; hay que aprender a caminar para luego poder correr. Confío que estoy en el momento correcto, haciendo lo correcto; disfruto el proceso de mi evolución espiritual.

Enero 29

Dios es omnipresente. Siempre estoy en el momento y el lugar adecuado.

No hay pérdida de tiempo porque Dios es el único hacedor. Todo ha sido creado en el momento perfecto. Dios es infalible. Dios está siempre expresándose a través de mí. La expresión de dios en mí es perfecta. Yo soy perfecto y merezco lo mejor. Hoy me mantengo consciente de la omnipresencia de Dios en mi mundo y todos mis asuntos.

Enero 30

Dios es sabiduría infinita. Dios me da a conocer todo lo que necesito saber.

Dios está aquí para ayudarme. Todo lo que necesito ya existe en el plano espiritual. Todo el conocimiento universal está a mi disposición. Cuando quiero aprender algo, solamente lo pido y Dios me hace llegar el conocimiento. Dios es generoso. Mientras más sé, mejor expreso a Dios en mí. Mi mente subconsciente es la bodega de todo el conocimiento universal. Sólo tengo que preguntar lo que necesito saber y la respuesta llega a mí desde el fondo de mi mente subconsciente.

Enero 31

Dios es inteligencia infinita. Siempre tomo decisiones correctas y perfectas.

Dios está guiándome constantemente. Desde hoy me mantengo atento a las señales que Dios me da. Sigo los impulsos de mi corazón que es la morada de mi Cristo Interior. Me mantengo en silencio para escuchar la voz de Dios en mí, dando respuesta a mis preguntas.

Febrero Primero.

Celebra el mes del amor.

Yo Soy uno con Dios. Todo lo que Dios tiene, es mío. Todo lo que Dios es, Yo Soy.

Dios es amor, sabiduría, vida, perfección e inteligencia. Todas estas cualidades son mi herencia divina, son los rasgos genéticos que mi padre Dios me ha heredado. Dios es el creador y amo del universo, por lo tanto, Yo Soy creador y amo del Universo junto con Dios. Mientras más conozco a Dios, mejor expreso las cualidades divinas a través de mí.

Febrero 2

Dios es amor infinito. Yo estoy lleno de amor y lo brindo a los demás con alegría y libertad.

Dios está dentro de mí. Dios y Yo somos un sólo ser. Dios es amor, por lo tanto Yo estoy lleno de amor. Yo brindo a los demás el amor divino que fluye a través de mí. Amo a los demás con libertad y sin apego; respeto el derecho que cada uno tiene a ser diferente. Amo con alegría y soy amado tal y como Yo Soy.

Febrero 3

Yo me amo
y me aprecio como
Yo Soy.
Es seguro amar.
Puedo dar
y recibir amor
con libertad.

El infinito amor divino me protege en todo momento. El verdadero amor nunca lastima. Amo y soy amado, es seguro entregar mi amor a los demás. Amo y aprecio todo lo que Yo Soy. Yo Soy un ser espiritual divino y perfecto, Soy digno de ser amado.

Febrero 4

El Amor dentro de mi corazón es el imán que atrae hacia mí relaciones armoniosas y perfectas.

Cuando estoy lleno de amor atraigo más amor a mi vida. Cuando estoy lleno de buena voluntad atraigo personas que sintonizan conmigo y me brindan relaciones armoniosas. Yo atraigo lo que Yo Soy. Si quiero recibir amor debo darlo a los demás con libertad y generosidad.

Febrero 5

El Amor es libertad. Ahora amo y dejo que los demás me amen libremente. Es seguro amar.

El verdadero amor nos hace crecer y dar lo mejor de nosotros mismos. Amamos con libertad cuando hemos perdido el miedo a perder a la persona que amamos. Ese miedo se pierde cuando reconoces que Dios habita en el corazón de esa persona y que es Dios quien te está amando a través de esa persona. Si Dios es amor infinito y perfecto, todo lo que sea inferior, no puede ser amor.

Febrero 6

Yo me amo y me apruebo. Mientras más me amo a mí mismo, más amor tengo para dar a los demás.

Nadie puede dar lo que no tiene. Si no te amas y te respetas a ti mismo, no podrás amar y respetar a otros. Deja de hablar mal de ti mismo, cuida tu cuerpo y tu apariencia. Come bien, ora, medita y mantente en conexión con Dios dentro de tu corazón. Date a ti mismo lo mejor en todo momento y comenzarás a dar lo mejor de ti a los demás.

Febrero 7

Me amo y me respeto como Yo Soy. Amo mi cuerpo y cuido de él. Me siento bien.

Tu cuerpo físico es el vehículo que tu Cristo Interior utiliza para expresarse y experimentar el mundo material. Cuida de él como un templo pues es la morada de tu ser superior. Aprueba cada rasgo de tu rostro y cada característica física en ti. Recuerda que eres un ser único e irrepetible, no hay nadie en el Universo entero igual a ti. Esto lo comprueba tu ADN y tus huellas dactilares. Siéntete único, ama todo lo que eres, saca lo mejor de ti mismo y ofrécelo al Universo con amor y gratitud. El Universo entero te ama y te apoya.

Febrero 8

Tengo derecho a obtener placer sexual. Ahora ejerzo mi sexualidad con libertad y responsabilidad.

Dios creo la sexualidad para la permanencia de las especies, incluyendo la humana. Lamentablemente la mayoría de las religiones se han empeñado en enseñar que el sexo es algo sucio y pecaminoso cuando en realidad es algo natural y perfecto. ¿Alguna vez has visto a un caballo sentirse culpable por aparearse con una yegua? No ¿verdad? La culpabilidad sexual es algo que nos han inculcado a nosotros los humanos más no es algo que Dios quiere que sintamos. Tienes derecho a obtener placer sexual, sólo recuerda que eres el único responsable por las consecuencias de tus actos. El sexo debe ser una expresión de amor.

Febrero 9

Yo Soy libre
para amar.
Amo sin apego.
Entrego
mi Amor
libremente
y sin culpa.

La culpa es un sentimiento que atrasa nuestro crecimiento espiritual, por lo tanto, es totalmente innecesario, más bien diría yo que es un estorbo. Deshazte de ella. El verdadero amor se entrega con libertad sabiendo que todas las personas están en nuestra vida por una razón. Y si tomas en cuenta que somos seres espirituales eternos te darás cuenta que las personas están en nuestras vidas sólo por un lapso muy corto. Nuestros padres, hermanos, hijos, amigos y amantes están en nuestras vidas sólo por un tiempo limitado. Así que aprende a amar con libertad, entrega tu amor y no esperes nada a cambio. Cuando alguien se vaya de tu vida, bendícelo y déjalo ir con libertad y sin dolor.

Febrero 10

Me amo y me perdono sin cuestionamientos inútiles. Dejo atrás la culpa y el resentimiento.

La culpa y el resentimiento son dos grandes anclas que impiden tu evolución espiritual y tu prosperidad económica. Mientras haya rencor y sentimientos de culpa en tu corazón verás esfumarse toda posibilidad de crecimiento económico. Perdona a los demás de corazón, en especial a tus padres y hermanos. Perdónate a ti mismo y empieza de nuevo. La vida comienza cada día. Deja de arrastrar tus errores del pasado, ellos no definen quien eres tú espiritualmente. Las experiencias pasadas sólo fueron lecciones que tuvimos que aprender, ya no tienes que cargar el libro con el que aprendiste a leer. Deshazte de él.

Febrero 11

Vivo el presente. Me perdono y dejo atrás el pasado. Sigo adelante creando un futuro mejor para mí.

Vive el PRESENTE, es lo único que tienes. El pasado ya se fue y no va a volver, aprende de él y déjalo ir. Todos los pensamientos y decisiones que elegiste en el pasado, han creado tu presente. Ahora decídete a crear un futuro mejor, eligiendo pensamientos y actitudes positivas. Mantente consciente de tu divinidad y deja que Dios actúe en tu vida.

Febrero 12

Yo Soy una buena persona. Yo Soy importante. Me amo, me valoro y sé que merezco lo mejor.

Como hijos de Dios todos somos importantes, somos una creación divina, somos perfectos, únicos e irrepetibles. Así como un padre biológico desea para sus hijos lo mejor, así nuestro padre Dios nos ha heredado lo mejor y lo más perfecto. Valórate, ámate y date lo mejor. Recuerda también que así como tú eres hijo de Dios y mereces lo mejor, todos los que te rodean también son hijos de Dios y también merecen lo mejor; Dios no tiene favoritos. Trata a los demás con cortesía y respeto y Dios te bendecirá. "Todo lo que hagas a los demás, a mí me lo haces"

Febrero 13

Yo Soy único y valioso. Yo Soy digno de ser amado. Yo Soy respetado y bienvenido.

Date cuenta de lo que es ser único. No hay otra persona igual a ti en el Universo entero. Dios te creo con cualidades únicas y con una misión única que nadie más puede cumplir, sólo tú. Eres valioso por el simple hecho de ser una creación divina. Dios no hace cosas imperfectas o inútiles, todo en la creación tiene una razón de ser. Evita compararte con los demás, te repito, eres único e irrepetible.

Febrero 14

Ahora atraigo a mi pareja ideal, al compañero perfecto para mí en este momento de mi vida. Y así es.

Dios te ha provisto de todo desde el momento mismo de tu creación. Tu complemento ideal está en alguna parte del mundo esperando encontrarte. Pide a tu compañero ideal y velo manifestarse en tu vida. Dios te quiere feliz, pide una relación llena de amor, armonía, paz, prosperidad y abundancia y Dios te la dará. Todo lo que es tuyo por derecho de conciencia está esperando que lo reclames. Lo que tú buscas, te está buscando a ti.

Febrero 15

Me acepto como Yo Soy y acepto a los demás. Respeto el derecho de los demás a ser como quieran ser.

Amar con libertad consiste en aceptar a los demás como son, es respetar el libre albedrío que el creador nos ha dado para decidir nuestro destino. Al tratar de cambiar a alguien estás retrasando su crecimiento espiritual, estás intentando evitar que ellos aprendan sus propias lecciones y crezcan. Sé libre y dale libertad a los demás; serás más feliz y dejarás que ellos también lo sean. Forzar las situaciones o nuestras relaciones para que sean como nosotros deseamos que sean solamente complica las cosas. Coloca y abandona tus asuntos en las amorosas manos de Dios y fluye con la vida, verás que Dios siempre hace un trabajo perfecto.

Febrero 16

Me respeto a mi mismo y respeto a los demás. Me amo y amo a los que me rodean.

Nadie puede dar lo que no tiene. Si no te amas y te respetas a ti mismo no podrás amar y respetar a los demás. Cuida tus pensamientos y actitudes, vigila lo que comes y también lo que sale de tu boca. Todo lo que afirmas con tus palabras, tarde o temprano se manifestará en tu vida. Procura que todo lo que salga de tu boca sea armonioso y vaya de acuerdo con las verdades divinas. No rompas la paz del silencio, no hables si lo que vas a decir no es más hermoso que el silencio mismo.

Febrero 17

Hoy perdono mis errores y acepto la responsabilidad por mis acciones. Soy responsable, no culpable.

Perdona tus errores y sigue adelante, cargar con culpas por nuestros errores del pasado es como un ancla que no te deja avanzar, libérate de la culpa. Acepta que fue tu responsabilidad y tu elección cometer esos errores, pero no tienes que cargar con ellos en el presente, perdónate a ti mismo, pide perdón a los demás y perdónalos por sus errores. Eres responsable por las consecuencias de tus actos y decisiones, más no eres culpable. Estás aprendiendo; tú no culparías a un niño de dos años por no saber leer y escribir, ¿verdad? Sé que si en el pasado hubieras sabido hacer las cosas como las haces hoy, lo habrías hecho mejor. Perdónate y sigue adelante.

Febrero 18

Yo Soy valioso y digno de confianza. Confío en mí mismo y en los demás.

Soy un ser espiritual divino y perfecto. Soy valioso por el simple hecho de ser hijo de Dios. Soy hecho a la imagen y semejanza de mi creador. Soy valioso y confiable. Soy poderoso y capaz. Confío en mí mismo porque sé que es Dios quién se expresa a través de mí. Confío en los demás por qué veo a Dios en ellos. Reconozco el Cristo Interior en el corazón de los demás y confío en El. Amo y soy amado. Confío y soy digno de confianza. Soy valioso y valoro a los demás.

Febrero 19

Me permito tener éxito y me alegro con el éxito de los demás. El Universo es generoso.

El Universo es infinitamente abundante y generoso.

   La prosperidad es el estado natural de mi ser superior. Yo reclamo la abundancia que es mía por derecho divino. Dios es mi padre y Yo Soy su heredero. Soy el hijo rico de un Universo rico. Soy el amo del Universo. El éxito que yo merezco es el mismo éxito que merecen los demás. Lo que pido para mí, lo pido para los demás y soy prosperado. Hay más que suficiente para todos.

Febrero 20

Me libero de la necesidad de competir. El Universo es infinitamente abundante. Yo lo tengo todo. Mi mundo contiene todo.

Competir es compararse, nadie es mejor que nadie. Todos somos únicos y tenemos talentos únicos. Lo que yo le puedo dar a la humanidad, nadie más se lo puede dar, por qué mi misión en este plano material es única y sólo yo la puedo cumplir, con mi propio estilo y a mi propio ritmo. Siempre habrá alguien más adelantado o atrasado que yo; eso no me hace mejor ni peor que nadie, simplemente soy diferente, soy único e irrepetible. Dios me ha provisto de todo lo que necesito para cumplir mi misión en esta vida. Todo lo que pueda necesitar ya me ha sido concedido.

Febrero 21

El amor divino me libera de la necesidad de esparcir rumores. Evito los chismes y soy libre.

El dar cabida a rumores y chismes esparce energía negativa a tu alrededor, hablar mal de los demás aún sabiendo que lo que dices es verdad atrae hacia ti energía dañina que atrasa la manifestación de tus más anhelados deseos. Si quieres que tus deseos se manifiesten, debes mantener pensamientos y comentarios que te eleven a ti mismo y a los demás. Recuerda que somos Uno sólo con Dios, si hablas mal de los demás es como si estuvieras hablando mal de Dios; somos creaciones divinas y todo lo que tú puedas ver de negativo en los demás, es sólo apariencia. Su ser superior es perfecto.

Febrero 22

Yo Soy tan importante como los demás. Cuido de mí y no permito abusos. Me amo y me respeto.

Amar a los demás no significa permitir que abusen de nosotros, tú eres tan importante como cualquier otro. Da amor y permite que te amen, más no que te abusen. Dios nos creó a todos iguales, nadie es más importante que tú y tú no eres más importante que ninguno a tu alrededor. Respétate a ti mismo, trata a los demás con respeto y serás respetado. Trata a los demás de igual manera sin importar que tanto tengan o sepan o cuán importantes los considere la sociedad. Dios nos ve a todos iguales.

Febrero 23

Yo Soy un ser espiritual divino y perfecto. Merezco ser tratado con amor y respeto.

Tú eres infinitamente importante para Dios, nuestro padre-madre creó este maravilloso Universo para que lo disfrutáramos y lo hiciéramos más hermoso. Dios te ama sin condiciones, no te pide que seas perfecto porque ya lo eres. Tus imperfecciones humanas son parte de tu aprendizaje y evolución. Tu perfección espiritual es lo único que Dios ve en ti. Ámate y respétate, ama y respeta a los demás porque ellos también son seres espirituales divinos y perfectos.

Febrero 24

Reconozco y bendigo el Cristo Interior en los demás y la armonía perfecta se restablece.

Reconocer el Cristo Interior en el corazón de cada uno de los que te rodea te hace vibrar en una frecuencia más alta que atrae hacia ti relaciones armoniosas y perfectas. Al reconocer que Dios habita en ti y en los demás le estás diciendo al Universo que aceptas que somos Uno sólo con Dios, y el Universo entero te devuelve amor, armonía y paz en abundancia infinita. El cielo no es un lugar oculto entre las nubes, es la ausencia total de pensamientos, actitudes, sentimientos y circunstancias negativas en tu vida. ¿Te imaginas un mundo sin problemas de ninguna índole?, ese mundo está dentro de ti, esperando que lo descubras y lo aceptes como algo real. Cuando lo hagas se materializará; ese es el paraíso prometido.

Febrero 25

Tengo derecho a ser feliz, a amar y a disfrutar. Merezco amar y ser amado. Yo Soy amado.

Soy hijo de Dios, tengo derecho a ser feliz y disfrutar de todo lo que el Universo me ofrece. Dios me ama de una manera incondicional, nada tengo que hacer para merecer el amor de Dios. El me ama porque soy fruto del amor divino. Fui creado por amor, con amor, del amor, soy producto del amor de Dios. Soy importante y valioso, Soy amado, merezco ser amado. Yo Soy mi propia fuente de amor, mientras más amo, más amado soy.

Febrero 26

Mientras más amor doy, más amor recibo. Yo Soy una inagotable fuente de amor. Yo Soy amor.

Hemos aprendido que nadie puede dar lo que no tiene. Todo lo que tú des lo recibirás multiplicado sea algo bueno o algo malo. Si das amor ten por seguro que te será devuelto con creces, si das negatividad el Universo te devolverá lo mismo también multiplicado. El Universo siempre nos dice que sí a todo lo que pedimos, somos nosotros los que decidimos que es lo que queremos recibir. Si das amor recibirás amor, si das dinero recibirás dinero y así sucesivamente con todo lo que tú des. Elige que es lo que quieres recibir y dalo a manos llenas, verás como el Universo te complace en todo.

Febrero 27

Yo Soy un ser completo. Yo Soy lo que Yo Soy. Todo lo tengo. Todo está bien.

Cuando abres tu conciencia y te das cuenta que Dios es la única presencia y el único poder en el Universo, aceptas tu divinidad y la perfección de tu ser espiritual. Te ves a ti mismo como un ser completo al que todo le ha sido dado desde el momento mismo de su creación. Cuando aceptas que Dios está a cargo de todos tus asuntos te das cuenta que todo está bien porque Dios lo hace todo perfecto como El es. Aprende a dejarte llevar, a fluir con la vida sin oponer resistencia, todo en el Universo tiene una razón de ser. Confía en la sabiduría infinita de Dios. Todo está bien.

Febrero 28

Todo comienza en mí y todo vuelve a mí. Recibo lo que doy. Doy el bien y recibo el bien multiplicado.

Somos creadores junto con Dios de nuestro propio Universo. Yo Soy la fuente de todo lo que se manifiesta a mi alrededor. Aquello en lo que pienso y creo es lo que mañana se manifestará en mi vida. Yo Soy salud perfecta pero si creo en la enfermedad terminaré enfermándome. Yo Soy armonía perfecta pero si creo en los conflictos terminaré atrayendo hacia mí personas conflictivas. Cuida de tus pensamientos y creencias, cuida lo que dices, porque aquello que afirmas con determinación es lo que verdaderamente crees. Anota las frases que más llamen tu atención durante el día y si estás afirmando algo que no te gustaría ver manifestarse, invierte el proceso invirtiendo esa frase.

Febrero 29

El amor es lo único que existe. Dios ha creado solamente el bien en el Universo. Todo lo que no es bueno es sólo una apariencia.

Recuerda que vayas a donde vayas siempre te vas a encontrar con Dios, siempre te vas a encontrar con el bien. Deja de temer, Dios esta a cargo. Todo está bien.

Marzo Primero

Se consciente del nacimiento de la vida.

Dios en mí es vida eterna. Acepto todas las etapas del proceso de la vida. Yo Soy eterno.

Yo Soy un ser espiritual divino, perfecto y eterno. He heredado todas las cualidades de mi padre Dios, Así como El es eterno yo también lo soy. Mi vida es eterna y mi evolución espiritual también. Acepto el proceso de la vida como algo natural y perfecto. Cada etapa tiene su valor y aprendizaje. Aprendo mis lecciones con amor y sigo adelante hacia nuevas experiencias que enriquezcan mi vida y hagan feliz a mi Espíritu. Disfruto mi niñez, mi pubertad, adolescencia, adultez, edad madura y vejez. La vida es buena. Yo disfruto todo lo que la vida me ofrece y Soy feliz. El Universo es perfecto. Todo está bien.

Marzo 2

Me muestro siempre como Yo Soy. Me siento seguro siendo Yo mismo. Soy aceptado. Soy bienvenido.

Me siento orgulloso de ser hijo de Dios y haber heredado sus cualidades divinas. Soy valioso. Me amo y me apruebo. Valoro todo lo que Yo Soy y todo lo que he heredado de mi Padre-Madre. Estoy consciente de mi divinidad y de la infinita presencia de Dios en mi vida. Dios se expresa a través de mí, es seguro ser Yo mismo. Dios me da mi valía, Dios me recibe con agrado.

Marzo 3

El cielo no es un lugar adonde ir; es un estado mental donde sólo existen pensamientos positivos.

¿Te imaginas vivir libre de enfermedades, enemistades, guerras, muerte y vejez? Ese estado de armonía perfecta es el estado natural de tu Cristo Interior. En lo más profundo de tu mente subconsciente se guardan todas tus creencias y éstas se manifiestan en tu mundo exterior. Si tú renuevas tu mente subconsciente metiendo en ella sólo pensamientos positivos tu mundo será perfecto. ¿Lo dudas? Ese es el estado mental que todos tendremos que alcanzar para dar cabida al hombre de la nueva era. Este planeta será el paraíso terrenal que Dios nos prometió.

Marzo 4

Reconozco mi unidad con toda la creación y decreto armonía perfecta entre todos los seres vivos.

Cuando reconoces que somos Uno sólo con el Universo entero y qué todo lo que es y existe contiene a Dios, tu mente se armoniza con las verdades eternas y tu vida se vuelve cada día más plena y feliz porque sabes que el Universo cuida de ti, así como tú cuidas de Él. La sustancia divina es todo lo que es y existe; Dios se expresa en lo infinito del Universo y en lo minúsculo del átomo.

Marzo 5

Yo Soy libre de pedir lo que quiero. Yo Soy el amo del Universo y El me responde con infinita bondad.

Nuestros pensamientos son la energía que desencadena la creación, cada cosa que tú pienses hoy se manifestará mañana. El Universo te dice a todo que sí. Elige pensamientos positivos y crea para ti una vida llena de armonía, amor y abundancia. El Universo dice que sí a todos lo que tú piensas, sea positivo o negativo; no lo hace por maldad sino por infinita bondad. Dios nos ha dado libre albedrío, somos nosotros quienes decidimos que rumbo tomará nuestro destino. Utilicemos el poder creativo de nuestros pensamientos para manifestar la vida que realmente queremos vivir.

Marzo 6

Hoy decido renovar mi vida cambiando los patrones mentales en mi mente subconsciente.

Nuestra mente subconsciente está unida a la mente universal que es la fuente de todo el conocimiento del Universo. Cuando necesites saber algo pregúntale al Universo y Él te responderá a través de un sueño o una corazonada. Él atraerá hacia ti la información y te la hará llegar por medio de un libro, una persona o un acontecimiento que te ponga en contacto con lo que estás buscando. Nuestra mente subconsciente está programada con millones de pensamientos que se han vuelto creencias y que han manifestado todas las circunstancias a nuestro alrededor; han atraído hacia nosotros a todas las personas que hemos conocido, todas las relaciones que hemos tenido y todas las experiencias que hemos vivido. Si quieres cambiar tu vida debes volver a programar tu mente con los pensamientos y creencias que manifiesten la vida que realmente deseas vivir, la vida que tú mereces vivir.

Marzo 7

Observo la naturaleza y Soy consciente de la abundancia infinita y del perfecto orden divino que gobierna el Universo. Doy gracias.

Doy gracias a mi Creador por Su infinita bondad al proveerme de todo en la Vida. Así como Dios provee a todas las criaturas del Universo con todo lo que necesitan para sobrevivir, así también, Yo Soy abastecido en abundancia con todo lo que necesito para vivir una vida plena, abundante y feliz. Todo en el Universo está en perfecto orden; las estaciones del año, el día y la noche, los eclipses y demás eventos astronómicos. Todo sigue un ciclo perfecto que garantiza el orden y la armonía universales. Dios lo ha previsto todo, Dios me provee de todo. Dios es la única fuente y el único poder en el Universo. Todo está bien.

Marzo 8

La vida fluye con suavidad y sin obstáculos. Soy parte de la creación. Fluyo libremente con la vida toda.

Acepto el proceso de la vida, reconocozco que Dios está a cargo de todos mis asuntos, dejo de preocuparme. Acepto la responsabilidad de mis acciones, me perdono y sigo adelante sabiendo que estando Dios a cargo, todo está bien. La vida tiene su propio proceso, nada la detiene y se renueva eternamente. Como parte de la creación Dios también cuida de mí. Soy valioso e importante para Dios. Me conecto con mi divinidad y todo fluye suavemente. Doy gracias.

Marzo 9

Yo Soy un ser espiritual de infinita belleza. Yo Soy un ser espiritual divino y perfecto. Doy gracias.

La perfección divina se manifiesta a través de mí. Mientras más me conecto con Dios, más expreso las cualidades divinas que son mi herencia. Soy hijo de Dios, fui creado a imagen y semejanza de mi creador. Soy uno con Dios, todo lo que Dios tiene es mío, todo lo que Dios Es, Yo Soy. Bendigo a mi Cristo Interior y lo invito a despertar y manifestar las cualidades divinas a través de mí. Doy gracias.

Marzo 10

Vine a este planeta a aprender, no a sufrir. Aprendo mis lecciones sin dolor y sigo adelante confiando en la bondad y generosidad de Dios.

Invoco la ley del perdón y la llama violeta transmutadora y deseo que todos mis errores y sus consecuencias sean neutralizados. Doy gracias a Dios por liberarme del karma negativo que haya podido acumular en esta vida y en mis vidas pasadas. Soy liberado y doy gracias.

Marzo 11

Me libero de la envidia. Reconozco la perfección en los demás y los bendigo. Sé que hay más que suficiente para todos. Yo Soy generoso.

Sé que el Universo es infinitamente abundante y hay suficiente para todos. Me libero de la envidia y de la necesidad de competir sabiendo que nada de lo que es mío por derecho de conciencia, puede ser robado pues me pertenece sólo a mí por derecho divino. Nadie puede impedir que se manifieste el bien para mí. Dios me ha provisto de todo lo que necesito para cumplir mi misión en esta vida, todo lo tengo, estoy completo. Doy gracias.

Marzo 12

Me libero del resentimiento. Es inútil. Perdono a los demás y me perdono a mí mismo.

Dios es infinita bondad, El sabe que los errores que he cometido fueron causados por mi inexperiencia. Dios me ama a pesar de mis errores, me da la oportunidad de volver a comenzar hasta que aprenda mi lección y siga mi camino hacia nuevas experiencias. Me perdono a mí mismo por todos mis errores y perdono a los demás por el daño que hayan podido causarme. Me libero del ancla del resentimiento y sigo mi camino hacia mi evolución espiritual.

Marzo 13

Veo a Dios en los demás y agradezco su presencia en mi vida. Soy bendecido y prospero.

Reconozco que cada persona y circunstancia en mi vida ha llegado a mí para prosperarme. Agradezco la oportunidad que Dios me da de conocer a nuevas personas y tener nuevas experiencias por que sé que todo cambio trae consigo una nueva bendición para mí. No importa que tanto tiempo las personas permanezcan en mi vida; sé que habrá personas que se queden sólo un corto período de tiempo y habrá quienes se queden a mi lado por años. Fluyo libremente con el plan divino y dejo que cada quien escoja su camino, los bendigo y sigo adelante.

Marzo 14

Dios es lo único que existe. Dios es vida eterna. Por lo tanto, lo único que existe es vida.

Mi ser espiritual es eterno. Nada ni nadie, puede dañarlo o destruirlo. Mi Yo superior es vida eterna y salud perfecta. Las enfermedades e infortunios que he manifestado en mi vida no son propios de mi ser espiritual son sólo producto de mis pensamientos y actitudes. Yo reconozco y bendigo el Cristo Interior dentro de mi corazón y lo invito a manifestar todas las cualidades divinas que son mías por derecho divino, doy gracias porque esto es hecho y manifestado, aquí y ahora.

Marzo 15

Dios es todo amor. La creencia en el infierno carece de fundamento. Dios me ama.

Dios ha creado solamente el bien perfecto, todo lo que existe en el Universo tiene un propósito. Nada hay de cierto en la existencia del mal. En el Universo sólo existen diferentes niveles del mismo bien; es como ver diferentes tonalidades de un mismo color, sigue siendo el mismo color pero más pálido o más intenso. Dios es infinita bondad, nada que no sea bueno puede salir del corazón de Dios.

Marzo 16

Yo Soy
vida eterna.
Estoy lleno de vida y energía.
Estoy feliz de estar vivo.
Doy gracias.

Dios en mí, manifiesta solamente relaciones y situaciones perfectas que van de acuerdo con las cualidades divinas de mi ser superior. Mi Cristo Interior es amor, armonía, vida, perfección y abundancia. Todas las circunstancias que he manifestado hasta ahora me han ayudado a crecer y evolucionar como espíritu. Agradezco mi salud perfecta y mi vida próspera y abundante pues sé que todo esto es un regalo de Dios para mí.

Marzo 17

Yo Soy co-creador con Dios. Ahora creo la vida perfecta y abundante que quiero para mí. Me la merezco y la recibo con agrado.

A través de mis pensamientos y creencias yo creo todas las circunstancias a mí alrededor. Renuevo mi mente renovando mis pensamientos y creo para mí la vida perfecta y abundante que me pertenece por derecho de conciencia. Dios me bendice respondiendo a mis esfuerzos por renovar mi mente y manifiesta para mí todas las cosas hermosas y perfectas que merezco como hijo de Dios que Yo Soy.

Marzo 18

La vida me apoya. El mundo es un lugar seguro para vivir. Yo Soy feliz y doy gracias.

Dios ha creado para mí un mundo maravilloso donde vivir, depende de mí ver esas maravillas a mí alrededor o ignorarlas. Yo elijo que es lo que quiero ver. El Universo me dice a todo que sí, yo elijo ver la apariencia material o la realidad espiritual. A partir de hoy yo escojo mantenerme consciente de mi divinidad en todo momento y ver a Dios en todas las cosas y situaciones que me rodean. Hoy decido ser feliz manteniéndome consciente de todo lo bueno que la vida me ofrece.

Marzo 19

En la mente universal sólo existe el presente continuo y eterno. Yo vivo aquí y ahora.

En el mundo espiritual solamente existe el momento presente. Yo elijo mantenerme consciente de mi presente. El pasado es algo que ya no puedo cambiar y mi futuro lo estoy formando con los pensamientos y actitudes que estoy teniendo en este momento presente. Elijo pensamientos que vayan de acuerdo con las verdades espirituales eternas y manifiesto un futuro lleno de abundancia, armonía, amor y prosperidad. Y así es.

Marzo 20

Reconozco que el Universo es infinitamente abundante. Ahora me permito prosperar sin miedo ni culpa.

El Universo me provee de todo lo que necesito, hay suficiente para todos. Aquí y ahora abro mis puertas a la prosperidad y dejo que el amor divino me colme de bendiciones. Todo lo bueno que pido para mí, lo pido para todos mis hermanos humanos y Dios me bendice con generosidad. Nada de lo que es mío por derecho de conciencia puede perderse o ser robado; lo que Dios me ha dado, nada ni nadie me lo pueden quitar.

Marzo 21

Tengo derecho a disfrutar de todo lo bello y placentero que la vida me ofrece. Lo recibo y doy gracias.

Ahora me permito disfrutar de todo lo que Dios me hace llegar. La abundancia es el estado natural de mi ser superior. Gozo cada momento y cada situación en mi vida como un regalo de Dios. Bendigo el Cristo Interior en el corazón de todos los que me rodean porque sé que cada ser humano que llega a mi vida, llega para prosperarme y ayudarme a avanzar en mi evolución espiritual.

Marzo 22

Alabo a Dios y doy gracias por las cosas maravillosas y perfectas que ha expresado a través de mí.

Dios se expresa a través de mí. Yo Soy una expresión divina. Todo lo que he logrado en mi vida ha sido manifestado por Dios a través de mí; juntos hemos creado todo lo que poseo y las relaciones y experiencias que he vivido. Ahora me armonizo con Dios y creo junto con mi Padre-Madre un futuro maravilloso para mí. Y así es.

Marzo 23

Desvío mi atención de las cosas que no se estén manifestando de acuerdo con la verdad divina.

En aquello que coloques tu atención en eso te conviertes. Hoy elijo mantener mi atención en Dios y sus cualidades divinas. Bendigo el bien presente en cada situación de mi vida y armonizo todo aquello que no esté funcionando de acuerdo con la perfección de mi Cristo Interior.

Marzo 24

Dios es amor, armonía, vida, inteligencia, sabiduría, verdad, alma, espíritu y principio.

Las cualidades divinas son las cualidades de mi Cristo Interior, las cualidades de mi Yo Soy, son mi herencia divina. He sido creado a imagen y semejanza de Dios. Yo Soy uno con Dios y todas sus cualidades son mías. Todo lo que Dios es, Yo Soy.

Marzo 25

Al poner mi atención en las cualidades divinas elimino las apariencias del mundo físico.

Cada vez que me veo envuelto en una situación poco armoniosa, cierro mis ojos y enfoco mi atención en el centro de mi corazón donde habita mi Cristo Interior, niego toda apariencia de negatividad en esa situación y afirmo la verdad divina que sustituya dicha situación desarmonizante en mi vida. Aquello en lo que concentro mi atención en eso me convierto. Yo elijo mantener mi conexión con Dios dentro de mí.

Marzo 26

Mi libre albedrío me da derecho a escoger, aceptar y rechazar. Ejerzo mi derecho a elegir lo que quiero.

Dios me dice a todo que sí. Si tengo pensamientos negativos Dios en mí, atrae situaciones poco armoniosas a mi vida; si tengo pensamientos positivos atraigo hacia mí situaciones armoniosas. Ahora elijo pensamientos y creencias positivas que vayan de acuerdo con las verdades eternas, afirmo como verdad solamente aquello que realmente quiero manifestar en mi vida. Evito pensar en todo aquello que me desagradaría ver manifestado en mi entorno físico.

Marzo 27

La mente universal y mi mente subconsciente son una misma cosa.

Mi mente subconsciente es el almacén de todos los pensamientos que he tenido y que se han convertido en creencias de tanto repetirlos, ahí está mi memoria kármica. La mente universal es el almacén de lo que todos pensamos, es como una memoria colectiva. Mi mente subconsciente está directamente conectada con la mente universal pues todo lo que otros piensan y creen es atraído hacia mí. Mis pensamientos y creencias atraen hacia mí a las personas que tienen pensamientos y creencias similares. Todo lo que yo pienso y creo atrae su igual.

Marzo 28

Yo Soy el amo del Universo. Mis deseos son órdenes. El Universo me apoya en todo lo que hago.

Desde siempre, tú has creado todo lo que te ha sucedido y has vivido. Tú le has ordenado al Universo que es lo que quieres vivir. Quizás no hayas estado consciente de esto pero has sido tú quien ha elegido todas tus experiencias. De acuerdo con lo que has pensado y creído así te ha sido manifestado. Acepta tu responsabilidad en esto y cambia tus pensamientos; renueva tu mente y cambiarás tu vida.

Marzo 29

Mis pensamientos son energía que se manifiesta como mis experiencias en el mundo físico.

Dios es energía divina, tú usas esa energía para crear, junto con Dios, el mundo en el que vives. Dios no se pregunta si lo que estás pidiendo con tus pensamientos es bueno o malo. El solamente te lo da. Aquello que tú pides, creyendo, te es concedido. Conforme vas avanzando en tu evolución espiritual y abriendo tu conciencia, vas haciendo un mejor uso de la energía de Dios, un uso más consciente. Aprendes a elegir lo que realmente quieres y no lo que tus miedos, rencores, culpas y otras emociones negativas te hacen atraer, sin querer.

Marzo 30

El Universo me dice a todo que sí. Ahora elijo pensamientos y experiencias placenteras y satisfactorias.

Me mantengo consciente y conectado con la divinidad dentro de mí. Sé que merezco lo mejor y reclamo mi bien más perfecto. Ahora elijo tener pensamientos positivos acerca de mí y de los demás y el Cristo Interior dentro de mi corazón atrae hacia mí experiencias gratas y armoniosas. Dios quiere darme lo mejor y yo lo reclamo.

Marzo 31

Mis pensamientos se manifiestan en el mundo físico. Mi actitud determina todo lo que me sucede.

Todo lo que pienso, tarde o temprano, se manifestará. Cuando algo negativo que no esperaba se manifiesta en mi vida, vuelvo mi atención al centro de mi corazón donde habita mi Cristo Interior y decreto que sólo El es la verdad en mi Universo. No puedo cambiar los pensamientos que tuve en el pasado, los cuales provocaron lo que me está sucediendo hoy pero si puedo controlar la actitud que adopto ante las circunstancias y eventos en mi vida actual. Al aceptar mi responsabilidad sobre lo que me pasa hoy y aceptar que los pensamientos que escogí en el pasado fueron los que provocaron lo que vivo actualmente, también puedo elegir la actitud que tomo ante estas circunstancias y ésta será la que manifieste mi futuro.

Abril Primero

Abre tu mente a la prosperidad y la abundancia del Universo.

Yo Soy el rey de mi imperio. Yo vivo en la abundancia y la opulencia. Yo Soy próspero.

Reclama la abundancia del Universo en tu vida. Todo lo que Dios tiene es tuyo. Reclama la parte del Universo que te pertenece. Dios quiere que vivas una vida abundante y opulenta, tienes derecho a reclamar tu herencia divina. Dios es infinitamente rico y tú eres su hijo. Adelante, pide lo que desees con fe y te será concedido. Dios escucha tus oraciones y las responde con infinito amor.

Abril 2

Dios es mi padre.
Yo Soy su
divino heredero.
Lo acepto y
doy gracias.

Dios es infinitamente generoso y Su amor por ti es infinito. Eres merecedor de todo lo que Dios tiene para ti. Reclámalo, acéptalo y agradécelo por adelantado y Dios en ti te lo hará llegar. Decreta cada día que Dios en ti te prospera y llena tu vida y tus experiencias de abundancia, opulencia y armonía perfecta, te aseguro que verás milagros manifestarse en tu vida. Bendigo tu Cristo Interior.

Abril 3

Yo Soy el creador de mi propia manifestación. Yo elijo pensar positivamente.

Mientras más acepto mi responsabilidad sobre las experiencias en mi vida, más consciente me mantengo de lo que elijo pensar. Acepto que mis pensamientos crean las circunstancias a mi alrededor, elijo un mejor futuro para mí, renovando mi mente. Dejo de creer en lo que los demás creen u opinan y elijo pensar solamente en aquello que me hace sentir bien. Ahora elijo pensamientos que vayan de acuerdo con las verdades eternas de mi Cristo interior. Doy gracias a Dios en mí por la renovación de mi mente.

Abril 4

Orar es pensar en Dios. La oración es el pensamiento más puro y más elevado que se pueda pensar.

Cuando decretas o meditas en las verdades eternas de tu Cristo interior como el amor, armonía, perfección y todas las cualidades de Dios en ti; estas ayudando a elevar tu conciencia. Cuando aprendes a ver a Dios dentro ti y todos los demás, le estás probando al Universo que ya estás haciendo un mejor uso de la energía divina en ti. Cuando elevas tu conciencia, todo lo que pides en oración te es concedido.

Abril 5

Al orar polarizo mi mente hacia el grado más altamente positivo.

Dios es el bien perfecto. Todo lo que existe es Dios. Por lo tanto sólo existe el bien que es Dios. Deja de temer, de odiar y envidiar. No hay necesidad. Si te mantienes consciente de que vayas a donde vayas te vas a encontrar con Dios, el temor desaparece. Si sabes que todo lo que Dios tiene es tuyo la envidia no tiene lugar en tu corazón. Si aceptas que todos los que te han lastimado lo hicieron por que sus creencias los forzaron a actuar así, te liberarás del odio y el resentimiento. Acepta a Dios en tu corazón y deja que El tome el mando.

Abril 6

El Universo trabaja para mi Bien. Yo Soy bendecido y prosperado infinitamente.

Todo lo que deseas en la vida, ya te ha sido concedido. Todo lo que buscas te está buscando a ti. El Universo sólo espera que crezcas y eleves tu conciencia para hacerte llegar todo lo que has pedido. Trabaja en la renovación de tu mente y el Universo te premiará. Acepta que Dios es la única fuente de tu provisión y suministro. Espera siempre lo mejor, sé agradecido y tu Cristo Interior manifestará para ti, todas las bendiciones que desees. Despierta, abre tus ojos a la abundancia y la opulencia que es tuya por derecho divino.

Abril 7

Alabo a Dios y doy gracias por el maravilloso regalo de la vida. La vida es buena.

El Universo manifestará para ti aquello que tú elijas. Si eliges creer que la vida es difícil, así lo verás manifestarse. Aprende a ver a Dios en todo lo que te rodea y te mantendrás consciente de la infinita presencia de Dios en ti. Dios es omnipresente, Dios es el bien perfecto. Todo está bien. Es seguro estar vivo por que siempre estamos en la omnipresencia de Dios. Estamos divinamente protegidos en todo momento y en todo lugar. Vive sin miedos, vive feliz.

Abril 8

Estoy convencido de mi felicidad y prosperidad. Es mi derecho divino y doy gracias.

El espíritu divino dentro de mi corazón se expresa a través de mí. El Cristo interior dentro de mi corazón es felicidad y prosperidad sin límites. Todo lo que mi Cristo interior es Yo Soy. Como creación divina que Yo Soy tengo derecho a manifestar todas las cosas buenas y maravillosas que Dios tiene para mí. Dios en mí me provee de todo lo que yo pueda necesitar. Yo Soy feliz. Yo Soy próspero.

Abril 9

Doy gracias por la abundancia que es mía y de todos aquellos que reconocen a Dios en sus corazones.

Dios y Yo somos un sólo ser. Todo lo que Dios tiene es mío, todo lo que Dios es, Yo Soy. Dios en mí es abundancia infinita expresándose en mi vida y en todos mis asuntos. Reconoce que Dios no es un ser fuera de ti. Dios vive dentro de tu corazón, está más cerca de ti que tu propia respiración. Tu Cristo interior es Dios en ti, es la chispa divina que brilla a través de ti, expresándose en este mundo material. Es Dios encarnado en tu cuerpo físico proveyéndote de todas las experiencias necesarias para tu evolución espiritual. Reconozco y bendigo el Cristo interior dentro de tu corazón y te envuelvo en mi círculo de amor.

Abril 10

Dios es infinitamente feliz, amoroso, generoso, perfecto, ordenado, abundante y próspero. Y así Yo Soy.

Yo Soy un ser espiritual creado a imagen y semejanza de Dios. Todas las cualidades de Dios son mi herencia divina, por lo tanto es mi derecho divino expresarlas. Todo lo que Dios es, Yo Soy. Cuando abro mi conciencia y reconozco que Dios y Yo somos un sólo ser, las cualidades divinas se expresan a través de mi sin obstáculos. Fluyo con la vida, permito que mi Cristo interior se exprese libremente a través de mí. Doy gracias por la perfecta expresión de Dios en mí.

Abril 11

Me conecto con Dios en mí. Dios es la única fuente de toda mi felicidad, prosperidad y de dinero.

Dios es todo lo que es y existe. Nada hay que no contenga la energía divina. Dios es mi único proveedor utilizando diferentes canales para hacerme llegar todo lo que deseo y necesito. Dios es infinitamente generoso y abundante. Mi mundo contiene todo. Yo Soy un ser espiritual completo, entero y perfecto. Todo está bien.

Abril 12

Yo Soy un ser superior y poderoso. Dios en mí es la fuente de toda mi provisión abundante.

Yo Soy infinitamente poderoso. Yo Soy el amo del Universo. Yo Soy junto con Dios el creador de mi propio mundo. Todo lo que Dios tiene es mío, todo lo que Dios es, Yo Soy.

Abril 13

El deseo de Dios para mí, es el bien perfecto; salud, felicidad, paz, abundancia, prosperidad; todo lo bueno que Dios ha creado.

Dios es un padre amoroso y generoso. Dios quiere que yo exprese todas las cualidades divinas que El me ha heredado. Solamente tengo que pedir lo que deseo y Dios con su infinito amor y su infinita generosidad me lo concede. Dios me dice a todo que sí.

Abril 14

El Universo siempre está en perfecto orden y armonía. Dios creó todo lo bueno para mí. Doy gracias.

Sin orden no hay armonía. Sin el perfecto orden universal no habría vida. La vida es posible gracias a que todo tiene una razón y un momento exacto para existir. Si el Universo careciera de esa perfecta sincronización se desataría un caos tal que no sobreviviría nadie y el Universo no sería para nada como lo conocemos. Así como cada planeta y estrella en el firmamento sigue con su órbita perfecta sin chocar con los demás, así mismo cada cosa en tu vida sigue su perfecto proceso para mantener el orden universal en tu mundo. Confía en el orden universal, todo tiene una razón de ser, todo es perfecto, todo está bien.

Abril 15

Mi voluntad positiva es el imán que atrae hacia mi las circunstancias positivas en mi vida.

Cada cosa en la vida atrae su igual; analiza tus relaciones y tus experiencias, ellas son el reflejo de tu mundo interior. Si estás experimentando desarmonía es porque has estado teniendo pensamientos negativos que así lo provocaron. Niega la apariencia de todo aquello que no sea perfecto y reconoce que Dios en ti es perfección absoluta en todo momento y todo lugar. Reconoce tu divinidad y la expresión perfecta de tu Cristo interior y todo lo imperfecto desaparecerá de tu vida.

Abril 16

Mi actitud positiva ante los hechos, determina los efectos positivos para mí. Todo está bien.

Cuando algo que no sea perfecto se manifieste en tu vida, inmediatamente reconoce tu divinidad y la perfección de tu Cristo interior. Decreta las cualidades divinas en ti y las apariencias negativas desaparecerán. Lo único que existe en el Universo es la energía creadora de Dios; si manifestaste algo negativo lo puedes neutralizar con negaciones o afirmaciones y reconociendo que Dios es la única presencia y el único poder en el Universo. Dios es el bien perfecto.

Abril 17

Dios es la única verdad, todo lo opuesto es apariencia. Reconozco esto y las apariencias desaparecen.

Dios en mí es todo lo que es y existe, nada hay que no contenga a Dios. La perfección de mi Cristo interior se expresa a través de mí, todo está bien. Dios es el bien perfecto, todo lo que no sea bueno es sólo una apariencia. Decreto que Dios en mí es la única fuerza y el único poder, ninguna otra fuerza o poder es real.

Abril 18

Mi Yo superior es perfecto. Yo Soy el perfecto hijo de Dios hecho a imagen y semejanza del padre.

Yo Soy una creación divina, todo lo que Dios ha creado es perfecto. Yo Soy perfecto. El mundo es un mejor lugar para vivir porque yo estoy aquí expresando mis talentos y habilidades. Yo Soy el heredero de mi padre. Todo lo que Dios tiene es mío, todo lo que Dios es, Yo Soy.

Abril 19

Yo soy único como mis huellas digitales.

Yo Soy único e irrepetible. La creatividad divina es infinita, Dios nunca se repite. Así como mi ADN y mis huellas digitales son únicos, nadie ha sido ni será exactamente igual a mí. Yo Soy único y la misión que yo vine a cumplir en este mundo sólo yo la puedo cumplir, nadie más. Dios me ha hecho único porque quiere que yo esté consciente de lo especial que Yo Soy. Acepto mi originalidad y evito compararme.

Abril 20

Fui creado con un diseño único, con un propósito especial que nadie más puede cumplir.

Cada uno es especial para Dios, todas Sus criaturas tenemos una razón de existir, una misión que cumplir. Desde la más minúscula bacteria hasta el más grande de los soles que irradian luz a los planetas. Nada hay que pueda causarte daño, todo fue creado para tu bien y para mantener el equilibrio en el Universo. La conciencia cósmica ha programado cada célula, cada átomo, para que cumpla su misión. Si analizas como funcionan las cosas en la naturaleza, te darás cuenta de que nadie le dice a las células cuando dividirse y multiplicarse, cuando nacer o morir, ya están programadas para eso. La conciencia cósmica ya se ha asegurado de que todo funcione de manera perfecta. Respira tranquilo, Dios está a cargo de todo.

Abril 21

Mi Cristo interior es un ser inteligente que me ama infinitamente. Yo lo reconozco y lo bendigo.

La inteligencia infinita de mi Cristo interior se expresa a través de mí. El amor de Dios dentro de mí me guía en cada momento de mi vida. Todo lo que necesito saber me es revelado. Todo el conocimiento de la mente universal está a mi disposición en todo momento. Cuando me conecto con Dios en mí a través de la meditación y la oración puedo acceder a todo el conocimiento de Dios en mí. Doy gracias.

Abril 22

Mi Cristo interior es mi guía y el único maestro para mí. El es la única verdad.

Dios en mí conoce todo lo que yo deseo saber. La sabiduría infinita de Dios dentro de mí me guía y me da a conocer toda la información necesaria para cumplir mis metas y deseos. Nada busco fuera de mí. Todo lo tengo, todo me pertenece. Dentro de mí existe todo cuanto deseo manifestar. Pido lo que deseo creyendo que ya es mío y Dios me lo hace llegar. Doy gracias.

Abril 23

Cada palabra que pronuncio es un decreto que se manifiesta en mi mundo exterior.

Mis pensamientos son energía creadora en todo momento. Cada uno de mis pensamientos posee el poder de crear para mí aquello en lo que yo creo. Procuro pensar solamente en las cosas que realmente quiero ver manifestarse en mi vida. Ignoro todo aquello que para mí sea negativo o desagradable. Afirmo solamente cosas que vayan de acuerdo con las verdades espirituales dentro de mí. Dios en mí es todo amor, armonía, inteligencia, sabiduría, abundancia y paz. Doy gracias.

Abril 24

Dios se expresa a través de mi. Yo Soy una perfecta expresión de Dios.

La sustancia divina es la energía creadora que da vida y sostiene todo en el Universo. La perfección de Dios se expresa a través de mí. Todo lo que Dios es Yo Soy. Dios me dice a todo que sí. Mis oraciones son respondidas inmediatamente de manera perfecta. Abro mi conciencia y me mantengo conectado con Dios dentro de mí.

Abril 25

Cada palabra que pronuncio es un decreto. Lo que yo decreto es una orden que debe ser cumplida.

Yo Soy el amo del Universo. Yo Soy co-creador junto con Dios de todo lo que mi mundo personal posee. A través de mis pensamientos y palabras doy vida a todo aquello que deseo ver manifestado en mi mundo exterior. Yo Soy un ser espiritual divino y perfecto. Abro mi conciencia y pido que solamente la verdad divina se manifieste en mi vida. Todo lo que Dios tiene es mío. Todo lo que Dios es, Yo Soy. Doy Gracias.

Abril 26

Todo lo que pienso, sintiendo al mismo tiempo una emoción, es lo que atraigo y manifiesto.

Mis emociones son reflejo de aquello en lo que yo creo. Si mi emoción principal es el miedo, atraeré hacia mí, circunstancias negativas; si en cambio, mi emoción principal es la fe, atraeré circunstancias positivas. Todo aquello que yo pienso creyendo que es verdad, es lo que tarde o temprano manifestaré. Dios me dice a todo que sí. Yo Soy quien elige que pensar y que creer, Dios sólo me responde de manera generosa y abundante. Decido mantener mi mente llena de pensamientos positivos. Creo para mí un futuro abundante y maravilloso.

Abril 27

Si quiero transformar mi vida, tengo que renovar mi mente.

La renovación de mi mente es una labor que solamente yo puedo realizar, soy yo quien piensa en mi mente, yo elijo que pensar y que creer, soy yo quien crea mi propio mundo. Al renovar mi mente amplio mi conciencia. Al ampliar mi conciencia atraigo la manifestación de las cualidades divinas dentro de mí.

Abril 28

Cuando pido algo, espero con fe su manifestación. Lo que espero con fe es una orden divina.

Dios me ha dado libre albedrío y potestad sobre todas las cosas. Cada uno de mis pensamientos es una orden que el Universo responde de manera generosa y perfecta. Me aseguro de que todos mis pensamientos y creencias sean positivos. Mis pensamientos de hoy crean mis experiencias del mañana, elijo pensamientos positivos y creo para mí un futuro lleno de dicha.

Abril 29

La voluntad de Dios es perfecta. Mi padre todo lo ha previsto ya, todo me lo ha dado ya. Doy gracias.

Desde el momento mismo de mi creación, Dios me proveyó con todo lo que yo pueda necesitar para cumplir mi misión en este plano material. La conciencia cósmica dentro de mí ha programado todo para que yo utilice la sustancia divina para crear todo aquello que yo desee o necesite. Dios en mí es la fuerza creadora que manifiesta cada uno de mis pensamientos en el plano físico. Todo lo que te rodea fue un pensamiento en la mente de alguien algún día. Crea para ti y los tuyos un mundo mejor eligiendo pensamientos positivos.

Abril 30

Pongo mi seguridad en Dios dentro de mí. Sé que mi provisión está siempre disponible y es ilimitada.

Dios es la única fuente de toda mi provisión y suministro. Mi mundo contiene todo. Yo Soy un ser completo y perfecto. Todo lo tengo, todo me pertenece. El Universo trabaja para mí. Yo Soy uno con el Universo y el Universo contiene todo. Dios es un padre generoso y bondadoso. Doy gracias a Dios en mí por mi abundancia sin límites.

Mayo Primero

Reconoce a tu creador como un Padre-Madre infinitamente generoso.

El dinero es un regalo de Dios para hacer mi vida placentera y feliz. Lo recibo con alegría, lo comparto y doy gracias.

Reconozco que el dinero es la energía amorosa de Dios circulando en mi vida para llenarla de placer y abundancia. Dios es infinitamente generoso. Yo comparto alegremente todo lo que tengo y todo lo que recibo sabiendo que Dios en mí, me prospera infinitamente. Entre más doy más recibo.

Mayo 2

El dinero es la energía amorosa de Dios manifestándose para darme la oportunidad de dar y compartir.

El Universo es infinitamente abundante. Mi provisión de dinero es infinita, interminable. Comparto mis talentos, dones, tiempo y dinero, sabiendo que Dios en mí me devuelve multiplicado todo aquello que doy. Disfruto la oportunidad de hacer circular todo lo que Dios me hace llegar. Recibo todo con alegría, lo utilizo, lo comparto y lo dejo ir sin apego.

Mayo 3

El dinero es bueno. La voluntad de Dios para mí es que yo tenga abundancia de dinero.

Nada hay de malo en el dinero o en ser rico. Sería absurdo que siendo hijo del creador del Universo fueras pobre. Tu ser superior contiene todo lo que te pertenece. Abre tus puertas a la prosperidad y la abundancia. Observa la naturaleza y el Universo entero. Hay millones de árboles, flores, estrellas, planetas, galaxias. Dios ha creado todo por millones, hay suficiente para todos. Reconoce tu unidad con Dios y reclama lo que es tuyo, lo que ya te ha sido dado desde el momento mismo en que fuiste sólo un pensamiento en la mente universal. Vive feliz y confiado, todo lo que deseas ya es tuyo, todo lo que buscas te está buscando a ti.

Mayo 4

Yo abro mi mente a la prosperidad y la abundancia del Universo. Reclamo mi herencia divina.

Soy hijo de un padre amoroso y generoso que está esperando que yo lo reconozca como mi creador y que reclame lo que me pertenece por el sólo hecho de ser Su hijo. En el mundo espiritual todo es y existe, el Universo contiene todo. El Universo y yo somos uno sólo. Todo lo que hay en el Universo es mío. Gracias padre Dios por la abundancia infinita que disfruto aquí y ahora.

Mayo 5

Dios es abundancia infinita, todo lo demás es apariencia.

La única verdad es Dios y Sus cualidades divinas. Todo lo que no sea perfecto es sólo una apariencia. Dios es perfección absoluta. Las apariencias son efímeras porque yo las puedo cambiar con mis pensamientos y creencias. Las cualidades de Dios son inmutables y eternas. Me enfoco en la verdad absoluta que es Dios y todas las apariencias desaparecen.

Mayo 6

Para prosperar tengo que perdonar. Perdono totalmente mi pasado.

Mientras mantengas sentimientos de odio o resentimiento en tu corazón será muy difícil que prosperes. Debes perdonar a todo aquel que te haya herido y pedir perdón a todos aquellos que se hayan sentido lastimados por ti. No necesitas hacerlo personalmente. Visualiza a todos aquellos que te hagan sentir incómodo al recordarlos y mentalmente, pídeles perdón y perdónalos; reconoce y bendice el Cristo interior en el corazón de cada uno de ellos y decreta armonía perfecta entre ellos y tú. Reconoce que Dios habita en ellos y que todos los errores que hayan cometido fueron debidos a su ignorancia aún cuando los hayan cometido con la intención de herirte. Todos hacemos lo mejor que podemos en cada momento de nuestra vida, actuamos de acuerdo a los patrones mentales que tenemos en ese momento. Conforme vas ampliando tu conciencia, tu comportamiento va mejorando. Entiende a los demás y perdónalos, ellos también te entenderán y te perdonarán.

Mayo 7

Yo Soy generoso con mi tiempo y mi dinero. Estoy dispuesto a servir al Universo en todo momento.

Yo Soy uno con el Universo, Yo Soy parte importante del Universo y el Universo es parte de mí. Decreto mi unidad con todo lo que es y existe. Soy bondadoso y generoso con los demás porque entiendo que todo lo que doy se lo entrego a Dios y su creación, pues Dios habita en todas las cosas y las personas. Entre más doy y comparto con los demás, más recibo y más tengo. Comparto con alegría todo lo que tengo, todo lo que sé, todo lo que soy y todo lo que Dios me hace llegar. Doy gracias por la abundancia infinita en mi Vida.

Mayo 8

Me amo a mí mismo sin condiciones. Merezco tener éxito en todo lo que emprendo. Doy gracias.

Me amo y me apruebo exactamente como Yo Soy, perdono mis errores del pasado sabiendo que hice las cosas lo mejor que pude de acuerdo a mi conciencia en aquel momento. Abro mi conciencia a la abundancia del Universo en mi vida. El éxito y la opulencia son el estado natural de mi ser superior. Nada ni nadie puede privarme de lo que me pertenece por derecho divino. Gracias Dios en mí por la manifestación perfecta del plan divino que tienes preparado para mí.

Mayo 9

Yo Soy un ser maravilloso con los talentos y capacidades para ser una persona exitosa y tener mucho dinero.

Dios me ha provisto con todo el conocimiento y las herramientas necesarias para tener éxito en la vida. Son mis pensamientos negativos los que bloquean la expresión de mi bien perfecto. Ahora decido trabajar para mejorar la calidad de mis pensamientos. Abro mis puertas a la prosperidad y la abundancia en todas las áreas de mi vida.

Mayo 10

Mi padre-madre creó el Universo para mí. Tengo derecho a disfrutar de todo lo que El me ofrece.

Yo Soy una creación divina. Soy el hijo perfecto de un Universo rico e infinitamente abundante. Tengo derecho a disfrutar de todo lo que Dios ha creado para mí. Reclamo mi herencia divina, abro mis puertas a la prosperidad y decreto que Dios es la única fuente de todo mi bien.

Mayo 11

Los conflictos en la vida siempre traen consigo su equivalente en semillas de éxito, prosperidad y abundancia.

Aprende a ver en todo la mano de Dios. Todo en el Universo tiene una razón de ser. Todo sucede por una razón. Todo sucede en nuestras vidas para prosperarnos y ayudarnos a evolucionar espiritualmente. A veces te vas a encontrar con situaciones difíciles en la vida; lo primero que tienes que hacer es concentrarte en el centro de tu corazón y decretar que Dios es la única presencia y el único poder. Acepta tu responsabilidad, acepta que fuiste tú quien creó esta circunstancia, pide perdón y perdónate por esta manifestación negativa. Pregúntale a Dios en ti que es lo que tienes que aprender de esta situación y toma acción. Verás como todo se armoniza.

Mayo 12

Reconozco que muchas veces en la misma pérdida está la ganancia. Abro mi mente a nuevas oportunidades.

El Universo tiene su propia manera de hacernos entender las cosas cuando nos negamos a escuchar a nuestro Cristo interior. Muchas veces nos aferramos a cosas o personas que ya no nos son útiles o necesarias, muchas veces ya se han convertido en una carga muy pesada para nosotros. Aprende a dejar ir y acepta que cuando pierdes algo o a alguien, el Universo se encargará de reemplazarlo por algo mejor. Libérate y deja en libertad todo aquello que no te cause placer. Prepárate a recibir todo el bien que el Universo tiene destinado para ti.

Mayo 13

Alabo a Dios y doy gracias por todas las cosas que caminan bien en mi vida. Yo Soy bendecido.

Enfoco mi atención en las cosas que funcionan bien en mi vida, evito pensar en las cosas que me preocupan o alteran. Manteniendo mi mente ocupada con pensamientos positivos, creo un mejor futuro para mí. Con mis pensamientos de hoy creo mi mundo físico de mañana. Elijo pensamientos que vayan de acuerdo con la verdad de Dios en mí.

Mayo 14

Yo le entrego mis asuntos a Dios. El armoniza y perfecciona todo lo que es importante para mí.

Cuando de verdad le entregas tus asuntos a Dios dentro de tu corazón y dejas de pensar en ellos, le allanas a Dios el camino para poder actuar y solucionar todo lo que a ti te preocupa. Reconoce a Dios como la única fuente de tu provisión y suministro y deja que El se encargue de hacerte llegar lo que necesitas; mantente atento a las señales que recibirás a manera de consejo de otras personas, una idea, un pensamiento, un sueño, una corazonada o información que leas en algún libro. Cuando recibas esta respuesta toma acción y confía en la guía divina.

Mayo 15

Reclamo mi herencia divina y todo lo que es mío por derecho de conciencia. Lo recibo alegremente.

Todo lo que Dios me ha heredado es mío por derecho divino y nada ni nadie me lo puede quitar o evitar que lo reciba. Dios es la única fuerza y el único poder en el Universo. Nada hay que no contenga a Dios. Dios no puede estar en contra de sí mismo. Confío en que la voluntad de Dios para mí es que yo tenga y reciba sólo lo mejor y lo más perfecto, aquí y ahora.

Mayo 16

Yo prospero alegremente y sin culpa. Disfruto libremente y sin apego de la abundancia del Universo.

Yo tengo el poder de manifestar todo lo que deseo y necesito. Ese mismo poder lo tienen todos mis hermanos humanos. Disfruto con alegría y sin culpa sabiendo que nada tengo que envidiar a nadie más, porque el poder divino habita dentro de mí. Utilizo y disfruto todo lo que el Universo me ofrece y lo dejo ir libremente para que otros más lo disfruten también.

Mayo 17

Dios es amor.
Yo soy amor.
El amor divino
es lo único que
me sana.
Todo está
dentro de mí.

Yo soy uno con el amor de Dios. El amor divino sana, restaura, armoniza y perfecciona cada célula de mi cuerpo. Dios en mí es salud perfecta y vida eterna. Yo soy un ser espiritual divino y perfecto. Todo lo que Dios tiene es mío, todo lo que Dios es Yo soy. Mi mundo contiene todo. Nada hay de que preocuparse, todo está Bien.

Mayo 18

El amor de Dios está dentro de mí. Lo reconozco así y Yo Soy sanado y prosperado. Doy gracias.

El amor divino fluye y se expresa a través de mí. Dios y su perfecta expresión atraen hacia mí todo el amor que yo necesito en mi vida. Dios en mí, es la energía amorosa que sana y restaura cada átomo de mi ser, renovándome constantemente.

Mayo 19

Dios es amor.
Yo soy uno
con Dios.
Yo soy amor.
Yo soy
mi propia
fuente de amor.

Todo el amor que yo necesito está dentro de mí. Dios en mí, es la única fuente de amor. Dios es el creador de todas las cosas, Dios es lo único que existe. Yo soy infinitamente amado por Dios. El Universo entero me ama y me apoya.

Mayo 20

Yo Soy amado. Todo está dentro de mí. Yo Soy un ser completo. Yo Soy digno de ser amado.

Dios y Yo somos un sólo ser, una sola carne. El amor de Dios vive en mí y fluye a través de mí atrayendo hacia mí relaciones sanas, armoniosas y perfectas. Todo el amor que necesito está dentro de mí y con ese amor yo atraigo más amor a mi vida. Yo Soy un ser espiritual divino y perfecto, Yo Soy digno de ser amado.

Mayo 21

Yo Soy el hijo perfecto de Dios. Yo Soy el heredero del Reino de Dios. Yo Soy digno de ser amado.

Dios es todo lo que es y existe. Yo Soy uno con Dios y todo lo que Dios tiene es mío, el Universo entero me pertenece. Declaro dominio sobre todo aquello que me corresponde por derecho divino. Dios es mi padre y Yo soy su heredero. Doy gracias por la abundancia infinita en mi mundo aquí y ahora.

Mayo 22

Yo soy un poderoso e irresistible imán para el dinero. Yo Soy abundancia infinita.

La abundancia es el estado natural de mi Cristo interior. En el mundo espiritual todo es perfecto. En el plano espiritual Yo tengo todo; cuando estoy consciente de esta verdad manifiesto toda esa abundancia en mi mundo material. El dinero es la energía amorosa de Dios manifestándose en mi mundo para hacer mi vida más placentera y feliz. Reclamo la abundancia que es mía por derecho divino.

Mayo 23

Pido lo
que quiero.
Lo visualizo
en mi mente
ya manifestado,
doy gracias y
recibo con alegría.

El proceso creativo es un proceso sencillo, no importa que tanto tenga que esperar para ver manifestado mi deseo, yo espero pacientemente porque se que el proceso creativo es eficaz e infalible. Todo aquello que yo deseo es una orden amorosa que el Universo cumple con la simple intención de complacerme. Dios es el dador y es el regalo mismo.

Mayo 24

Me libero de todo aquello que no me deja ser feliz. Me entrego y abandono en los amorosos brazos de mi padre Dios.

Dios siempre quiere lo mejor para mi. Dios me ama incondicionalmente y quiere que yo tenga todo lo que necesito para sentirme feliz. Las cosas que no están funcionando de acuerdo a mis deseos se las entrego a Dios y El se encarga de armonizar y perfeccionar todo aquello que me impide ser completamente feliz. Le entrego todos mis asuntos a Dios y sé que todo esta bien.

Mayo 25

Yo entrego y abandono en las amorosas manos de mi padre Dios todo lo que parece imposible de resolver.

Los problemas son solo apariencia, Yo soy armonía perfecta. Con Dios todas las cosas son posibles. Cuando yo coloco en las amorosas manos de mi padre Dios todo aquello que me preocupa y decreto la verdad, todo se resuelve de la mejor manera, para mi propio bien y el bien de todas las demás personas involucradas. Dios manifiesta lo mejor para todos sus hijos cuando decretamos y aceptamos que Él es la única presencia, el único poder y la única verdad.

Mayo 26

Confió en mi padre Dios. Pido lo que deseo y necesito. Siempre espero lo mejor y lo más perfecto.

Mi fe y confianza en Dios son lo que manifiesta mis más profundos deseos. Si creo que Dios es malo y quiere castigarme siempre atraeré hacia mi, situaciones adversas pues estaré creyendo en un padre castigador y malvado. Si veo a Dios como realmente es, un padre amoroso y generoso que sólo quiere lo mejor para mi; mi vida será digna de vivirse pues atraeré hacia mi, situaciones armoniosas y perfectas. Pido lo que realmente quiero y confío que Dios lo quiere para mí. Doy gracias.

Mayo 27

Sé que mi vida es un milagro perfecto. Dejo que Dios se exprese a través de mi y lo disfruto.

La vida toda es perfecta. La gestación y manifestación de mi cuerpo físico se llevo a cabo en el momento perfecto para que yo llegara a ese mundo material a aprender mis lecciones personales. Fui elegido para habitar en este cuerpo físico para seguir evolucionando espirltualmente. Este es el milagro de mi vida. Todo sucede en el momento correcto, Dios siempre llega a tiempo. Doy gracias por el milagro de la vida.

Mayo 28

Dios es amoroso y generoso. El quiere darme siempre lo mejor. Todos los días espero un regalo de Dios.

Bendigo y agradezco todo lo que Dios me regala diariamente. El aire que respiro, el agua que bebo, el alimento para mi cuerpo, el sol y todas sus cualidades que permiten la vida en este planeta, las comodidades que tengo en mi hogar, el amor de todos aquellos que llegan a mi vida. Agradezco la innumerable cantidad de regalos que Dios tiene para mí diariamente. Gracias Dios por ser mi creador y la fuente de todo mi suministro.

Mayo 29

Yo soy importante para Dios. Merezco una vida abundante y opulenta. Me amo.

Saber que Dios y Yo somos un solo ser me hace sentir merecedor de lo mejor y lo más perfecto que Dios ha creado. Me hace amarme incondicionalmente porque sé que ya soy suficientemente bueno; nada tengo que hacer para merecer el amor de Dios. Dios me ama tal y como Yo Soy. Mientras más me amo a mi mismo más expreso a Dios en mí.

Mayo 30

Yo Soy uno con Dios. Mi padre es inmensamente rico y yo también. Gracias padre.

Gracias Dios en mí por haber creado para mí este Universo tan abundante y hermoso. Gracias Dios en mí por heredarme toda la creación para hacer uso de ella y disfrutar de una vida placentera, abundante, armoniosa y feliz. Yo Soy heredero del Universo entero. Yo Soy archimillonario por mandato divino. Es la voluntad de Dios para mí que yo disfrute una vida llena de privilegios y oportunidades.

Mayo 31

Yo sonrió de felicidad porque vivo con Dios y sé que mi futuro ya esta resuelto. El Universo es generoso.

Mi seguridad radica en Dios, antes que en el dinero o las cosas materiales. Las cosas materiales son regalos que Dios me ha hecho. Yo pongo mi seguridad en mi proveedor antes que en sus regalos. Doy Gracias a Dios en mí por hacerse cargo de todos mis asuntos. Gracias porque puedo sonreír tranquilo sabiendo que todo esta bien.

Junio Primero

Reconoce tu unidad con Dios.

Dios es vida eterna. Yo Soy vida eterna. Yo Soy salud perfecta y eterna juventud.

Todas las cualidades divinas viven y se expresan a través de mí. Dios me ha heredado todo lo que Él es. Una de las cualidades de Dios es la eternidad, por lo tanto Yo también soy eterno, yo viviré eternamente, siempre sano, fuerte, vigoroso y juvenil. Sí, esto es verdad. Cuando los hombres de la nueva era entremos al paraíso prometido donde nuestras mentes habrán sido renovadas y limpiadas de todo pensamiento erróneo, contrario a la verdad de Dios, todos y cada uno de nosotros, expresaremos las cualidades divinas de manera natural y permanente.

Junio 2

Dios es armonía perfecta. Yo Soy armonía perfecta. Todas mis relaciones son armoniosas y perfectas.

Dios es armonía perfecta y perfecto orden. Todo en la mente de Dios conserva un patrón perfecto que equilibra todo en el Universo. Cuando veas alguna de tus relaciones tornarse difícil o conflictiva, cierra tus ojos y decreta que Dios es la única verdad en esa situación; reconoce y bendice el Cristo interior en el corazón de esa persona. Dios obra eso a lo que yo llamo pequeños pero maravillosos milagros, que no son otra cosa más que la manifestación de la verdad que es Dios en nuestras vidas.

Junio 3

Dios es bondad, justicia y libertad infinitas. Todo lo opuesto es simple apariencia.

Dios nos creó libres por que Él es Libre, nada ni nadie puede privarte de tu libertad interior, tu espíritu es libre en todo momento y en todo lugar. Si estas manifestando algo que te hace sentir aprisionado; alguna deuda, relación o situación difícil, niega esa apariencia y afirma lo opuesto. Es así como cambiamos nuestras experiencias en la vida; negando lo que no queremos que se manifieste y afirmando su opuesto, es decir lo que si queremos que se manifieste en nuestra realidad física.

Junio 4

Dios es mi vida eterna, mi salud perfecta y mi belleza perfecta y eterna. Yo Soy dicha eterna.

Todos hemos oído decir que habiendo salud, hay todo. Si te sientes sano, te sientes feliz, te ves bien y te agradas a ti mismo. Nada hay que te moleste por que te sientes perfectamente bien, ¿no es cierto? La vida eterna, la salud perfecta, la belleza y la felicidad eternas son todas cualidades de Dios en ti. Decreta esto a cada momento de tu vida. Mantente consciente de lo que realmente eres y muy pronto lo verás manifestado. Este despertar a la conciencia universal es el maravilloso proceso que todos tenemos que seguir para lograr nuestra evolución espiritual.

Junio 5

Dios es sabiduría e inteligencia infinitas. Yo Soy infinitamente inteligente.

Sí, yo sé que todos hemos cometido errores y algunos de ellos muy graves, eso no quiere decir que seas un tonto. Cada uno de nosotros hace lo mejor que puede de acuerdo a su nivel de conciencia. La mayoría de nosotros hemos cometidos los peores errores de nuestra vida cuando estábamos enojados, deprimidos o celosos, es decir cuando no estábamos fluyendo con el amor que es Dios; cuando no estábamos enfocados en lo que realmente somos. Cuando te concentras en lo que realmente eres como ser espiritual; amor, armonía, abundancia, paz y cuando te dejas fluir con las situaciones en tu vida es cuando puedes sentirte dueño de la situación, porque estas dejando que tu Cristo interior tome las riendas de tu vida. Recuerda, la vida se debe vivir de adentro hacia fuera. A la mayoría de nosotros nos enseñaron a vivirla al revés.

Junio 6

Mi Yo superior es perfecto, eternamente perfecto. Mi mundo personal es perfecto.

Como es arriba es abajo, como es adentro es afuera. Esto quiere decir que lo tú tienes en el mundo espiritual lo puedes tener aquí en el plano físico y que todo lo que tú creas en tu mente y sientas en tú corazón terminará por manifestarse en tu mundo material. Pon atención a tu entorno y te darás cuenta de cómo esta tu mente. Si ves a tu alrededor situaciones conflictivas seguramente es porque tu mente esta más enfocada en los pensamientos negativos que en los positivos.

Junio 7

Dios es amor eterno. Yo soy eternamente amado sin condiciones. Doy gracias.

Gracias Dios por haberme creado y por amarme incondicionalmente. Yo fui creado por amor, con amor y del amor de Dios. Solo el amor divino puede crear tanta perfección. Gracias Dios en mí por tu infinita bondad y tu inmensa sabiduría. Gracias por recrearme cada segundo de mi vida. Yo soy totalmente nuevo cada segundo de mi vida. Amo cada cambio en mi vida. Yo creó una nueva vida llena de amor para mi aquí y ahora.

Junio 8

Reconozco y bendigo el Cristo interior dentro de mi corazón y El manifiesta su perfección a través de mí.

La chispa divina dentro de mi corazón, brilla alumbrando el camino de mi vida. Mi ser superior es todo perfección y manifiesta solamente las cualidades de Dios a través de mí. Yo Soy amor, abundancia, paz, armonía, salud perfecta y vida eterna. Yo Soy uno con Dios. Yo Soy una perfecta expresión divina.

Junio 9

Las expresiones de Dios son infinitas. Aquí y ahora, Yo Soy una expresión perfecta de Dios.

Reconozco mi unidad con Dios y acepto mi perfección, aquí y ahora. Las cualidades de Dios son mi herencia divina, nada ni nadie puede impedir la perfecta expresión de Dios en mí. Yo soy parte del Universo y el Universo es parte de mí. Me amo y me apruebo, todo esta bien.

Junio 10

Padre, dame a mi y a toda la humanidad, todas las maravillas de tu Reino. Gracias.

Me mantengo conectado con mi ser superior y permito que Dios en mi manifieste todas las cualidades que son mi herencia divina. Acepto todos los regalos y dones que Dios tiene preparados para mí. Cada día es como una fiesta de cumpleaños. Hoy recibo con alegría los regalos de mi padre Dios. Abro mis puertas a la prosperidad y la abundancia del Universo en mi vida.

Junio 11

Dios es amor. Nada hay a que temer en la creación. Es seguro vivir. Yo tengo fe, quiero sentir fe.

Dios es uno y es todo, vaya a donde vaya Dios está conmigo, Yo estoy divinamente protegido en todo momento y en todo lugar. Me deshago del temor y el miedo; confió en la omnipresencia de Dios en mi vida. Dios es amor, hay amor en toda la creación. Gracias Dios por rodearme de amor, aquí y ahora. Amo y soy amado.

Junio 12

Yo soy el instrumento por medio del cual, el poder del espíritu creador se expresa plenamente.

Yo Soy uno con Dios. El poder creativo de Dios en mí manifiesta todo aquello que mi corazón desea. Dios me ha heredado todo su poder. Yo soy co-creador con Dios de todo lo que veo en mi mundo material. Tengo total capacidad de cambiar mis circunstancias y mi entorno, cambiando mis pensamientos haciendo uso del proceso creativo. Pido y dejo ir, visualizo con fe y doy gracias. Yo Soy poderoso y capaz.

Junio 13

Todo es mente.
El poder de
decretar es
absoluto en mí.
Decreto la
verdad
y Yo Soy
libre y feliz.

Yo tengo el poder de crear mis propias experiencias. Dios en mi es la energía amorosa que manifiesta todo aquello que yo decreto y aquello en lo que creo. Renuevo mi mente renovando mis pensamientos. Niego aquello que no me gustaría ver manifestado en mi vida y decreto únicamente lo que sí me gustaría ver, ser y tener en mi vida. Gracias Dios por el infinito poder que me has heredado.

Junio 14

La verdad única es el bien. El bien está conmigo siempre; me envuelve y se expresa a través de mi.

En el Universo entero sólo existe el bien, porque Dios es el bien y Dios es lo único que es y existe. Vaya a donde vaya voy al encuentro con Dios por que Dios habita en mi y en toda otra persona y criatura en el Universo. Yo Soy uno con Dios en toda la creación.

Junio 15

Yo soy tolerante y tengo buena voluntad hacia los demás. Acepto y bendigo nuestras diferencias.

Dios es infinitamente creativo, El ha creado infinidad de idiomas y dialectos, razas, culturas; innumerables paisajes, todos diferentes y hermosos. Así también ha creado millones de seres humanos, todos diferentes y únicos. Bendigo la infinita abundancia del Universo y la maravillosa diversidad de especies que Dios ha creado para que yo las admire y me deleite. Acepto con amor las diferencias entre mis hermanos humanos y yo, sabiendo que en espíritu somos todos iguales a los ojos de nuestro creador.

Junio 16

Yo Soy creado de la esencia misma del creador. Yo Soy inteligente, con la inteligencia de Dios mismo.

Todas y cada una de las cualidades de Dios son mi herencia divina, todo lo que Dios es Yo Soy. Acepto mi unidad con Dios y reclamo el plan divino, maravilloso y perfecto que Dios ha elegido para mí desde el momento mismo de mi creación.

Junio 17

El Cristo interior dentro de mi corazón es uno con Dios. Yo estoy lleno de tesoros eternos. Gracias padre.

Con infinita gratitud acepto los regalos de mi creador. Me mantengo conciente de mi unidad con Dios y Él me colma de bendiciones tanto espirituales como materiales y en mis relaciones con los demás. Yo Soy uno con Dios y el Universo entero. Yo Soy un ser completo y eterno. Todo lo tengo aquí y ahora. Gracias Dios.

Junio 18

Reconozco y bendigo a Dios dentro de mi corazón. Reconozco que Yo Soy dueño del Universo entero.

Yo Soy uno con Dios, todo lo que Dios tiene es mío, todo lo que Dios es, Yo Soy. Mi Padre-Madre me ha dado potestad sobre toda la creación. Yo Soy junto con Dios, el creador de mi propio mundo y mis propias experiencias. Gracias Dios por el infinito poder que me has heredado.

Junio 19

Gracias padre Dios porque ahora estoy recibiendo la manifestación perfecta de tu plan divino.

El plan divino para cada uno de nosotros y para toda la creación incluye, salud perfecta, nuestra perfecta expresión personal, nuestra pareja perfecta y el amor de todos los que nos rodean y, por ultimo, incluye toda la abundancia de todo aquello que podamos necesitar o desear. Como verás en este plan divino está incluido todo aquello que los humanos pudiéramos anhelar en nuestros más inalcanzables sueños. Gracias Dios por haber planeado para mí una vida perfecta y abundante en todas sus áreas.

Junio 20

En el plano espiritual todo existe en un continuo presente. Yo vivo aquí y ahora.

En el espíritu todo acontece en el presente, ahí no existe el pasado ni el futuro, todo lo que has sido, eres y serás existe a la misma vez. Todo lo que has tenido lo sigues teniendo y todo lo que deseas ya es tuyo. Enfócate en este momento sagrado llamado presente que es el generador único de tu vida futura. Elige la vida que realmente quieres vivir y visualízala como algo que ya existe en el plano espiritual; recuerda, todo lo que deseas ya es tuyo, ya te ha sido concedido. Sólo pídelo y espéralo con fe y será manifestado por el infinito amor de Dios. Vive aquí y ahora.

Junio 21

Yo Soy uno con Dios. Yo vivo aquí y ahora, sin la culpa del pasado, sin miedo al futuro.

Mantenerte siempre enfocado en este momento de tu vida te ayuda a liberarte de culpas y resentimientos del pasado. Es un desperdicio de tiempo y energía vivir pensando y recordando tus errores o los de los demás, reviviendo momentos desagradables que viviste. Libérate de todo aquello que ya no te sirve, déjalo ir y sentirás una inmensa paz y descanso. Te liberarás de una carga inútil. Deja de preocuparte por el futuro, todo caerá en su lugar en el momento adecuado. Recuerda que todo tiene un tiempo y un lugar. Todo está en perfecto orden.

Junio 22

El espíritu divino atrae hacia mi, mi empleo perfecto y todo el dinero que necesito. Gracias Padre.

Dios ya me ha provisto de todo aquello que pueda necesitar. Desde el momento mismo en que fui creado, Dios planeó todo de manera tan perfecta, que todo aquello que yo pudiera desear, ya está ahí para que yo lo pida y se manifieste. Abro mi mente a todas las fuentes y canales por las que Dios me provee. Reconozco que todas las personas y situaciones en mi vida llegan a mí para prosperarme. Gracias Dios por mi empleo perfecto, donde brindo un excelente servicio a la humanidad y soy valorado y maravillosamente remunerado, aquí y ahora. Amén.

Junio 23

Dios atrae hacia mí a mi pareja perfecta y manifiesta una relación armoniosa y perfecta para nosotros dos.

El plan divino incluye para mí el amor de todos aquellos que llegan a mi vida. Yo atraigo a mi vida a personas buenas, que armonizan perfectamente con mis patrones mentales mas elevados y con todos los aspectos de mi personalidad. Dios en mi me provee de una relación totalmente armoniosa y perfecta con esa persona especial que Dios ha elegido para compartir mi vida. Gracias Dios por amarme a través de mi pareja perfecta.

Junio 24

El amor divino fluye a través de mí sanando y perfeccionando cada célula de mi cuerpo. Yo Soy mi salud perfecta.

El amor de Dios en mi es lo único que sana. La energía amorosa de Dios habita en cada una de mis células, restaurando, sanando y perfeccionando cada una de ellas y eliminando todo aquello que ya no me sirve o que no se está manifestando de acuerdo con la verdad de Dios en mí. Gracias Dios en mi porque Yo soy constantemente renovado. Yo Soy un ser espiritual divino y perfecto. Yo Soy vida eterna y salud perfecta.

Junio 25

La sabiduría divina me lleva a las personas, la ciudad y la nación que a mi me convienen aquí y ahora.

Yo tengo una misión única que cumplir, el Universo trabaja a mi favor para que yo obtenga toda la ayuda que me sea necesaria para cumplir con esa misión. Dios me lleva al sitio exacto donde las circunstancias sean propicias para mi éxito personal y mi crecimiento espiritual. Gracias Dios por allanar el camino que debo recorrer, gracias por hacer mi vida placentera, perfecta y feliz. Yo aprendo mis lecciones sin dolor. Todo está en perfecto orden. Confió en el tiempo de Dios. Dios siempre llega a tiempo.

Junio 26

El espíritu divino actúa a través de mi para crearme una vida feliz, llena de abundancia.

Dios ha creado un plan divino para mí. Yo tengo una misión especial que cumplir; un servicio único que sólo yo puedo darle a la humanidad. Hoy abro mis puertas a la prosperidad del Universo en mi vida. Me siento cómodo expresando los talentos únicos que Dios me ha regalado. A través de la expresión de mis talentos y habilidades doy un maravilloso servicio a la humanidad y Dios me prospera abundantemente. Sigo los deseos de mi corazón y manifiesto para mí una vida llena de bendiciones. Doy gracias.

Junio 27

Mi unidad con Dios me permite disfrutar cada instante de mi vida. Sé que la vida es buena. Todo está bien.

En los momentos difíciles cuando todo parece estar en contra de la manifestación de mis deseos; cierro mis ojos y me concentro en el centro de mi corazón donde vive Dios en mí. Aquieto mis pensamientos y dejo que Dios me hable, escucho atento lo que Dios tiene que decir. Invoco a mis ángeles y sigo fielmente sus instrucciones que llegan a mí a manera de un presentimiento o el consejo de un amigo. La vida es buena. Yo estoy divinamente protegido en todo momento y en todo lugar. Es seguro estar vivo.

Junio 28

Dios es mi provisión abundante. Todo me ha sido dado desde el momento mismo de mi creación.

Todo en el Universo tiene su razón de ser. Hay un motivo especial para que yo este aquí y ahora habitando este cuerpo físico. Dios me ha provisto con todo lo necesario para cumplir con la misión que El me ha encomendado. Todo lo tengo, soy un ser completo. Soy una creación divina y perfecta. Soy importante y valioso. Dios se ocupa de mí porque Yo Soy parte importante de la familia de Dios. Gracias Dios por la provisión abundante y eterna de todo lo que yo pueda necesitar y desear.

Junio 29

Espiritualmente yo lo tengo todo y tengo el poder para manifestarlo todo en el plano físico.

Todo lo que yo deseo y necesito ya me ha sido concedido. Todo lo tengo desde el momento mismo en que fui sólo un pensamiento en la mente de Dios. Dios me ha heredado su poder creativo, Yo Soy co-creador con Dios de mi realidad física. Todo lo que deseo ya existe en el plano espiritual, Dios sólo está esperando que lo reclame como mío para manifestarlo físicamente y permitirme disfrutarlo y compartirlo aquí y ahora.

Junio 30

Yo vivo continuamente en la presencia de Dios. Dios esta dentro y fuera de mi. Dios es infinito y omnipresente.

Reconozco mi unidad con Dios y el Universo entero. Dios es todo lo que es y existe. Dios habita en la imperceptible pequeñez del átomo y la inmensidad del Universo. Yo Soy uno con toda la creación. La esencia del Universo entero habita dentro de mí. Dios es energía, todo es energía. La energía divina está presente en todas las cosas y todas las criaturas visibles e invisibles.

Julio Primero

Dios te ama y te hace llegar su amor a través de toda su creación.

Dios me ama. Yo me amo y me acepto como Yo Soy. Soy libre para dar y recibir amor.

El amor divino es todo lo que es y existe. Dios es amor, Yo Soy amor, todos somos amor. La chispa divina habita en mi corazón y en el corazón de todos mis hermanos humanos. Todos somos uno sólo son Dios. Me amo y me apruebo, amo y apruebo a todos los demás incondicionalmente. Los demás me aman y me aprueban incondicionalmente. Es seguro dar amor. Doy mi amor incondicional y libremente.

Julio 2

Yo me gusto a mi mismo. Si me amo, puedo dar amor a los demás. Nadie puede dar lo que no tiene.

Amate incondicionalmente como Dios te ama. Perdona tus errores del pasado, ellos no te definen como ser espiritual, sólo fueron pasos a seguir en tu proceso evolutivo. Amate libremente, date lo mejor sabiendo que lo mereces. Nada tienes que hacer para merecer el amor de Dios. Dios ya te amaba incluso antes de crearte. Recuerda que Dios te ama y ama a todos tus hermanos humanos, tú debes hacer lo mismo. Yo amo a Dios y a toda su creación. Yo me amo. Yo Soy amor en acción.

Julio 3

Yo Soy uno con el espíritu divino y estoy en armonía con El. Yo Soy infinitamente poderoso.

Mi poder no radica en la fuerza de mis músculos, ni en el conocimiento intelectual que he acumulado durante años, ni en mis recursos económicos. Dios es el único poder. Mi verdadero poder viene de Dios en mí y del uso que hago de la energía divina que es la única fuerza creadora en el Universo. Si creo que mi poder esta fuera de mi, tarde o temprano el Universo me hará darme cuenta de que no es así. Cuando acepto que sin Dios no tengo poder es cuando comienzo a ser poderoso. Coloco en las amorosas manos de mi padre Dios todo aquello que me parece humanamente imposible de resolver y Dios me demuestra su infinito poder armonizando todo por mí. Doy Gracias.

Julio 4

Acepto mis sentimientos. Acepto mis necesidades y las satisfago libremente y sin culpa.

Escucho las necesidades de mi cuerpo. Sé que mi cuerpo físico se comunica conmigo para hacerme saber lo que necesita o si algo está funcionando mal. Pongo atención a las sensaciones de mi cuerpo físico y restablezco la armonía en mí. Mis sentimientos son creados por mis pensamientos, ellos me indican si mis pensamientos están siendo negativos o positivos. Pongo atención a mis sentimientos sin juzgarlos y me concentro en el centro de mi corazón para armonizarlos. Analizo mis sentimientos desde afuera, medito y transmuto ese sentimiento negativo en uno positivo cambiando mis pensamientos.

Julio 5

Me amo, me gusto, me admiro y confió en mi. Disfruto de mi propia compañía. y de la de los demás.

Soy un ser valioso, hermoso, divertido, generoso y digno de confianza. Los demás aprecian mis valores, admiran mi actitud ante la vida y disfrutan mi compañía. Es inmensamente gratificante pasar tiempo con mis hermanos humanos. Dios me hace llegar su amor a través de todos mis hermanos humanos. Los amo y los apruebo. Yo Soy amado y bienvenido en todo lugar.

Julio 6

Tengo derecho de amar, de disfrutar y de ser feliz. Yo Soy confiable y digno de ser amado.

El infinito amor de Dios quiere que yo disfrute cada momento de mi vida. Dios me hace llegar todo aquello que hace feliz a mi corazón. Yo Soy un ser especial y único que merece el amor de todos los que me rodean. Soy digno de confianza, soy bienvenido y recibido con amor a dondequiera que voy. Entre mas amor doy más amor recibo. Yo Soy mi propia fuente de amor.

Julio 7

Yo estoy lleno de amor propio y puedo darme todo lo que necesito. Me siento bien conmigo mismo.

Me amo y me apruebo exactamente como Yo Soy. Yo Soy mi propia fuente de amor. Entre más amor doy, más amor recibo. Confió en mi mismo porque sé qué soy un ser espiritual divino y perfecto. Mi confianza y amor propio vienen de Dios en mí. Mi valor está basado en mi unidad con Dios. Me amo y me apruebo porque Dios y Yo somos un solo ser.

Julio 8

Dentro de mí tengo toda la fuerza que necesito para enfrentar las circunstancias de la vida.

Yo Soy uno con Dios. Dios es todopoderoso. Yo Soy todopoderoso. El poder de Dios en mi es la fortaleza que anima mi espíritu. Trabajando junto con Dios, todo es posible para mí. La guía divina va marcando mis pasos en la vida, soy guiado y acompañado por seres de luz a lo largo del camino. Yo Soy poderoso y capaz.

Julio 9

Yo Soy la persona más importante en mi vida. Me amo, me comprendo y me perdono.

Comprendo que mis errores del pasado fueron cometidos en un estado de letargo de mi conciencia. Me perdono y sigo adelante. Ahora estoy más conciente de mi divinidad, he avanzado en el camino y he aprendido. Ahora soy capaz de hacer las cosas mejor que ayer. Yo Soy el ser mas importante en mi vida porque ahora comprendo que todo nace de mi y todo vuelve a mi. Todo lo que me rodea fue creado por Dios en mí. Me amo y doy amor y ese amor regresa a mi multiplicado.

Julio 10

Yo Soy fuerte
y valiente.
Yo Soy poderoso
y capaz.
Puedo lograr
todo lo que
me proponga.

Ahora conozco el proceso creativo de Dios en mí. Reconozco que este proceso es continuo y eterno. Estoy constante y eternamente creando mi mundo y mis experiencias. Ahora utilizo el proceso creativo para manifestar el mundo perfecto en el que yo merezco vivir. Ahora sé que soy infinitamente creativo e infinitamente poderoso. Yo Soy el amo de Universo.

Julio 11

Yo Soy lo que pienso. Me esfuerzo en mantener mis pensamientos positivos y atraigo siempre lo mejor.

Ahora sé que cada uno de mis pensamientos es una orden que le doy al Universo y que El cumple amorosamente con esa orden sin preguntarse si es positivo o negativo para mí. El Universo respeta mi libre albedrío y me dice a todo que sí. Soy yo quien elige que pensar y por ende que manifestar en mi vida. Hoy me comprometo conmigo mismo a mantener mi conexión con Dios en mí y elijo solamente pensamientos que vayan de acuerdo con las verdades eternas.

Julio 12

Por la ley de la atracción, yo atraigo y recibo lo mismo que doy. Ofrezco mi amor y mi respeto.

El Universo se encarga de mantener la armonía y el orden divino en todo momento. Si doy algo, esto me será devuelto tarde o temprano. Me aseguro de dar solamente lo que deseo recibir de vuelta. Pido la guía divina para elegir las mejores actitudes y acciones a seguir en cada momento de mi vida. Ahora brindo mi amor incondicional a los demás sabiendo que Dios es uno con cada uno de ellos.

Julio 13

Mis relaciones son un reflejo de lo que Yo Soy. Trato bien a los demás. Soy bondadoso y amable.

La única ley en el Universo entero es el amor. La creación entera existe por el amor de Dios; somos producto del inmenso amor del creador. Ahora amo y cuido de la naturaleza que es una perfecta expresión de Dios.

Si quiero saber que tipo de pensamientos estoy albergando en mi mente basta con observar el tipo de relaciones que estoy atrayendo a mi vida.

Elijo ser bondadoso y amable con los demás sabiendo que aquello que yo le de a mi prójimo será lo que Dios me devolverá. Trato a todos con amor sabiendo que cada uno de ellos es una perfecta expresión divina.

Julio 14

Yo Soy positivo y entusiasta. Hoy disfruto de mi vida. Hoy elijo ser feliz en todo momento.

Mi felicidad proviene de Dios en mí que es la única fuente de todo lo que Yo Soy y tengo. Dios es la única fuente de mi provisión y suministro. Mi felicidad es continua porque sé que Dios es todo lo que es y existe. Soy feliz porque sé que siempre estoy en la omnipresencia de Dios, vaya donde vaya Dios esta conmigo. Estoy divinamente protegido en todo momento y en todo lugar.

Julio 15

Yo Soy honesto y sincero. Una primera mentira siempre te obliga a decir una segunda.

Dios es la única verdad en el Universo. La verdad es mi mejor opción. No hay mentira que dure cien años escondida y no hay nada oculto bajo el sol. La verdad siempre se sabrá tarde o temprano. Conservo la confianza de los demás en mí hablando siempre con la verdad. Al decir la verdad con amor estoy colaborando al crecimiento espiritual de los demás y el mío propio. La verdad es lo único que existe. Aunque permanezca escondida siempre encontrara la manera de darse a conocer.

Julio 16

Mi vida es maravillosa. Trabajo, sirvo, amo, gozo, río. Amo la vida y lo que Yo Soy, aquí y ahora.

Yo Soy una perfecta expresión divina. Disfruto este momento de mi evolución espiritual. Me concentro en lo que tengo y lo agradezco. Aquello que no he logrado manifestar todavía, lo visualizo como ya realizado confiando que ya es mío. Coloco y abandono en las amorosas manos de mi padre Dios todo aquello que pudiera preocuparme y vivo mi vida confiado de que Dios está a cargo y todo está bien.

Julio 17

Halago públicamente a quien lo merece. Reconozco lo bueno en los demás y valoro las diferencias.

Respeto las diferencias entre mis hermanos humanos sabiendo que estas son una expresión de la inmensa abundancia de Dios en acción. Me alegro del éxito de los demás y reconozco sus valores, habilidades y talentos sabiendo que todos estos son expresiones divinas. Valoro y bendigo las expresiones de Dios a través de los demás.

Julio 18

Disfruto el éxito de los demás como mío. Dios es quien se manifiesta a través de sus hijos.

Todo lo que hacemos tiene un efecto. Aunque no lo veamos inmediatamente nuestras acciones afectan a los demás. Me alegro cuando mis hermanos humanos logran cosas extraordinarias y riquezas mayores sabiendo que esto los beneficia a ellos y a todas las personas a su alrededor. Dios expresa cosas maravillosas cuando lo dejamos actuar libremente. Hoy decido permitirle a Dios actuar libremente a través de mí limpiando mi mente de pensamientos negativos.

Julio 19

La felicidad es una actitud, un estado mental, una forma de ver la vida. Hoy me propongo ser feliz.

A lo largo de la historia podemos ver casos de personas que han atravesado por las mismas situaciones; algunos de ellos reaccionan de manera negativa ante estos hechos mientras otras logran aprender una nueva lección y sacan el mejor partido de algo que parecía estar totalmente en su contra. Hoy me permito ver el bien en cada situación; reconozco que hay una razón para cada suceso en mi vida y que cada problema trae consigo su equivalente en semillas de prosperidad.

Julio 20

Todo lo que necesito saber está dentro de mí. Hoy me doy tiempo para estar solo y meditar.

La inteligencia infinita de Dios está dentro de mí. Cuando medito y permanezco en silencio, le doy a Dios la oportunidad de comunicarse conmigo. Las mejores ideas creativas y las mejores soluciones a algún problema que te preocupa se dan cuando permaneces en silencio durante una meditación. Cuando aquietas tu mente puedes escuchar con más facilidad los mensajes de Dios en ti. Dios es infinitamente inteligente, Yo Soy infinitamente inteligente.

Julio 21

Elijo lo que quiero y trabajo con amor por conseguir mis metas. Avanzo con determinación.

Avanzo confiado y con determinación, sabiendo que Dios está a cargo de todos mis asuntos. Cuando me mantengo conciente de que Dios es la única presencia y el único poder, mis miedos desaparecen. Dios es el único proveedor de todo lo que necesito y deseo; las personas y las instituciones sólo son medios que Dios utiliza para hacerme llegar lo que necesito. Dios es el dador y el regalo mismo. Dios es todo lo que es y existe. Siempre estoy en la presencia infinita de Dios y siempre voy al encuentro de Dios en todas las situaciones de mi vida.

Julio 22

Me libero del miedo y la preocupación; son inútiles. Disfruto mi presente y confió en mi futuro.

Cuando me mantengo conciente de mi divinidad, me doy cuenta de que no hay nada a que temer, Dios es la única presencia y todo está bien. Enfoco mi fe en la inmensa y eterna generosidad de Dios en mí y sé que mi futuro ya está resuelto pues Dios ya lo ha previsto todo. Desde el mismo instante en que fui creado Dios me proveyó con todo lo que yo pudiera necesitar para tener una vida abundante y feliz. Yo Soy la fuente de todo lo que necesito. Yo Soy un ser completo, todo lo tengo. Todo está dentro de mí. Reclamo la parte del Universo que me corresponde por derecho divino.

Julio 23

Yo Soy
mi propio amo.
Yo elijo lo que pienso
y lo que siento.
Elijo sentirme bien
siempre.

Dios me dio libre albedrío. Yo Soy libre de elegir lo que deseo. Elijo pensamientos que van de acuerdo con las verdades eternas y Dios me bendice y me prospera abundantemente. Soy entusiasta y feliz. Me amo y me apruebo porque sé que Yo Soy un ser espiritual divino y perfecto. Yo Soy infinitamente importante para Dios. El mundo es un mejor lugar para vivir porque yo estoy aquí dando un servicio maravilloso a la humanidad. Gracias Dios por la infinita perfección que manifiestas a través de mí.

Julio 24

Disfruto mi presente y lo agradezco. Creo mi futuro visualizándome viviendo la vida que quiero vivir.

Todo es mente. Todo lo que es y existe físicamente fue, en algún momento, un pensamiento en la mente de alguien. Dios manifiesta para mi todo aquello en lo que yo creo. Yo elijo que creer. Mis pensamientos son energía creativa que yo lanzo al Universo para su manifestación. Mis deseos siempre son concedidos. El Universo me dice a todo que sí. Ahora elijo cuidadosamente mis pensamientos y creencias sabiendo que ellos manifestarán mis experiencias futuras.

Julio 25

Disfruto de mí mismo y me deshago de los hábitos que me perjudican. Me libero de ellos y soy feliz.

Reconozco que cada hábito negativo es la manifestación de alguna carencia espiritual en mi vida. Afirmo que Yo Soy un ser completo y me decido a crecer espiritualmente dejando atrás todo aquello que me ata a ese hábito. Busco en mi interior el origen de ese mal hábito y pido sabiduría y guía a Dios en mi para eliminarlo. Mi fortaleza proviene de Dios en mí porque El es la única fuente de todo mi poder. Si pretendo deshacerme de un mal habito haciendo uso únicamente de mi fuerza de voluntad fracasaré varias veces antes de lograrlo; sin embargo, si dejo que Dios actué a través de mi, me desharé mas fácilmente de ellos.

Julio 26

Disfruto lo que tengo y lo agradezco. Doy gracias por lo que he pedido porque ya es mío, aquí y ahora.

Dios es omnipresente y omnipotente. Dios conoce mis deseos antes de que yo mismo los reconozca. Dios ya me ha concedido todo lo que yo deseo sólo está esperando que yo reclame mi bien más perfecto y crea en El para manifestar todo lo que ya tiene preparado para mi. Si concientemente creo que merezco algo que he pedido pero no lo creo posible con todo mi corazón su manifestación se retrasara hasta que yo haya crecido espiritualmente y crea plenamente en Dios y su infinito amor. Cuando pido algo y lo agradezco y me visualizo disfrutándolo, aquí y ahora; le estoy diciendo a Dios que ya estoy preparado para recibirlo. Tengo que sentir con todo mi corazón que ya es mío, para poderlo manifestar.

Julio 27

El momento presente es lo único que tengo. Acepto mi responsabilidad y disfruto vivir aquí y ahora.

Yo Soy el único responsable de las circunstancias que atraigo a mi vida. Soy responsable, no culpable. La culpa por mis errores pasados no me ayuda para nada. Me perdono a mi mismo y dejo ir el pasado en su totalidad. Acepto mi responsabilidad y hago uso de mi infinita capacidad de manifestar lo que realmente quiero vivir. Reconozco que si antes no viví la vida que realmente quería fue porque estaba aprendiendo a vivir. Ahora sé que el momento presente es lo único que tengo y lo único que importa en realidad pues es aquí y ahora, que estoy creando mis experiencias futuras.

Julio 28

Disfruto la compañía de los demás, sin apego. Tengo todo lo que necesito para ser feliz.

Reconozco que soy un ser espiritual único e individual. Soy completo en mi mismo. Yo Soy un ser completo, todo lo tengo dentro de mi. Los demás llegan a mi vida para compartir conmigo sólo una parte de su vida eterna; en determinado momento cada cual seguirá su camino individualmente. Mi sendero espiritual lo debo recorrer individualmente. Agradezco la presencia de los demás en mi vida, los bendigo y los libero con amor, sabiendo que ellos tendrán que partir algún día.

Julio 29

Trabajo en lo que más me gusta y recibo dinero en abundancia. Yo Soy el hijo próspero de un Universo rico.

La perfecta expresión de mis talentos individuales es lo que atrae hacia mí la infinita abundancia del Universo. A través de mi trabajo estoy dando un servicio que la humanidad necesita. Todos tenemos talentos muy especiales que debemos expresar para que el Universo nos colme de bendiciones. Analízate y descubre que es lo que tú harías como trabajo aunque no recibieras ninguna compensación monetaria, aquello que disfrutas tanto que pagarías porque te dejaran trabajar en ello. Cuando lo descubras, comienza a expresar ese talento, te darás cuenta que las horas pasan volando sin que te des cuenta pues estarás disfrutando al máximo esa actividad. Eso es para lo que naciste, ese es el servicio que viniste a darle a la humanidad.

Julio 30

El dinero es un regalo maravilloso que Dios tiene para mi como premio por mi servicio a la humanidad.

Si tomas en cuenta que Dios vive en cada uno de nosotros, te darás cuenta que el servicio que le des a los demás se lo estarás dando a Dios. Dios es infinitamente agradecido y generoso; todo lo que hagas con amor, Dios te lo premiara y te devolverá todo lo que des, multiplicado 7 veces 7. Tu prosperidad se manifestará de múltiples maneras, como dinero en efectivo, regalos, relaciones armoniosas, invitaciones a cenar, hijos sanos y todo aquello que tú consideres bueno y deseable. Prepárate para ver milagros todos los días en tu vida, te sorprenderás.

Julio 31

Yo Soy responsable de mi vida. Cumplo con mi misión con agrado y alegría. Soy yo mismo.

El cielo no es un lugar oculto sobre las nubes o en otra dimensión. El cielo lo puedes tener aquí mismo si renuevas tu mente y la limpias de todos los pensamientos negativos que hayas dejado entrar en ella. El proceso es reversible, si pudimos llenar nuestra mente con pensamientos negativos podemos vaciarla y llenarla con positivos. La satisfacción que te dará cumplir con tu misión en la tierra te acercará mucho más a la experimentación de ese placer que nos han prometido durante siglos como el paraíso terrenal. Sé tu mismo, sé responsable y expresa tus talentos con amor. Busca el cielo dentro de ti.

Agosto Primero

Vive aquí y ahora abundantemente.

Ahora estoy listo para aceptar una relación plena y feliz. Ahora atraigo el tipo de relaciones que deseo tener.

Dios es armonía perfecta, Dios manifiesta armonía perfecta en cada una de las relaciones que atraigo a mi vida. Ya estoy listo y preparado para atraer hacia mí a esa persona especial en mi vida. Dejo el camino libre para que Dios actúe, me libero de prejuicios y especulaciones y recibo con agrado lo que Dios tiene preparado para mí. Gracias Dios porque ahora disfruto de relaciones armoniosas y perfectas que hacen mi vida más plena, abundante, próspera y feliz.

Agosto 2

Ahora despierto a tiempo y lleno de energía cada mañana. Ahora disfruto todo lo que hago. Soy feliz.

Dios es la energía amorosa que fluye a través de mí. El llena de luz mi camino y mi vida. El mundo es un lugar seguro para vivir. Aquí y ahora estoy, y siempre estaré, en la infinita presencia de Dios. Disfruto todo lo que hago porque lo realizo con infinito amor, sabiendo que es Dios quien lo hace a través de mí. Gracias Dios porque Yo Soy un instrumento para Tu expresión. La energía amorosa de Dios se expresa plena y libremente a través de mí.

Agosto 3

Ahora estoy dispuesto a experimentar todos mis sentimientos. Soy responsable de lo que siento.

Analizo mis sentimientos de manera imparcial, mis sentimientos no me definen a mí como ser espiritual. Cuando tengo sentimientos difíciles de manejar, me distancio de ellos y los analizo como cuando veo una película, como un simple espectador, sin involucrarme. Medito sobre lo que provoca esos sentimientos y busco entre mis patrones mentales para ver si alguno de ellos esta manejando la situación y decreto que Yo estoy a cargo, no mis sentimientos. Me responsabilizo de lo que siento, sin sentirme culpable ni juzgarme.

Agosto 4

Ahora disfruto todo lo que hago. Ahora gano mucho dinero haciendo lo que más me gusta. Soy próspero.

Dios me ha heredado talentos maravillosos. Hoy me decido a expresar esos talentos y compartirlos con la humanidad. Cuando expreso mis talentos con la única finalidad de darle un servicio a la humanidad, el Universo me bendice premiando mi amor incondicional. Reconozco que la plenitud en mi vida viene de hacer lo que más me gusta y lo que hace feliz a mi ser superior que es la expresión de mis talentos únicos. Todos debemos expresar nuestros talentos, no importa que tan bien lo hagas, debes expresarlos. ¿Que sería del mundo si solo cantaran los cantantes que tienen las mejores voces? No habría más de 100 en todo el mundo. No tendríamos tantas opciones de donde escoger y terminaríamos aburriéndonos. No a todos nos gusta el mismo tipo de música, ni entendemos los mismos idiomas. Hay quien tiene talento para cantar, hay quien tiene talento para componer y, en cierta forma, todos somos necesarios para que otros también expresen sus talentos.

Agosto 5

Ahora hago de mi vida exactamente lo que deseo. Yo Soy responsable de mis decisiones.

Dios me ha dado libre albedrío y con ello la capacidad de elegir, equivocarme y corregir mis errores. Reconozco que en el pasado tome decisiones erróneas porque no sabia que había una forma mejor de hacer las cosas. He aprendido, he evolucionado y ahora soy capaz de tomar decisiones más acertadas porque sé que cuento con la guía divina y mi experiencia. Gracias Dios en mi porque ahora estoy a cargo de mi destino.

Agosto 6

Ahora permanezco relajado y tranquilo y todo se logra fácilmente y sin esfuerzo.

He aprendido el proceso creativo, he aprendido que mis pensamientos son órdenes que envío al Universo y que esas órdenes serán cumplidas tarde o temprano. Yo Soy exitoso, siempre he tenido éxito. Siempre he estado creando mi mundo exterior aunque antes no sabía que era yo quien lo hacía. Hoy tomo dominio de todas mis facultades creativas y elijo de la vida exactamente lo que quiero. Sé que merezco lo mejor, siempre elijo lo mejor para mi. Le brindo y doy a los demás aquello que deseo recibir de ellos y el Universo generosamente me prospera y me bendice. Ahora elijo pensamientos que vayan de acuerdo con las verdades eternas de Dios en mí. Mi único trabajo es renovar mi mente, el Universo se hace cargo de lo demás.

Agosto 7

Ahora siento una profunda serenidad y paz interior. Confió plenamente en el poder de Dios.

Reconozco que Dios es la única presencia y el único poder. Nada hay en el Universo entero que no contenga a Dios. Si Dios es todo lo que es y existe y Dios es amor eterno e incondicional, ¿porque habría de temer? Yo Soy hijo de un padre amoroso y bueno que desea lo mejor para mi. Vaya a donde vaya Dios está conmigo y Dios me recibe con regalos maravillosos a donde quiera que voy. ¿Te has sentido alguna vez completamente rodeado de la presencia de Dios? ¿Te has dado la oportunidad de sentirte conciente de Su presencia? Es una sensación maravillosa e indescriptible. Es como estar en el paraíso, donde todo es bueno y perfecto. Sientes una paz que sólo puede venir de El. Te deseo que pronto sientas esa paz en tu vida. Así sea.

Agosto 8

Ahora soy un canal abierto para que la energía creativa de mi Cristo interior fluya a través de mi.

Yo Soy cocreador, junto con Dios, de mi mundo físico. Acepto esta enorme responsabilidad con agrado e infinito amor y agradecimiento, sabiendo que Yo Soy un equipo con Dios. Mi parte del trabajo es renovar mi mente y llenarla de pensamientos positivos para así crear un mundo perfecto, lleno de abundancia y felicidad para toda la humanidad. Es una labor enorme que requiere años de trabajo y esfuerzo constante pero vale mucho la pena. Honestamente, no creo que haya quien pueda decir que renovar nuestra mente sea fácil y rápido, aun así es un trabajo que cada quien debe realizar para poder avanzar en el camino espiritual. Te deseo que aprendas tus lecciones sin dolor. Bendigo tu Cristo interior.

Agosto 9

Ahora atraigo hacia mi una relación totalmente armoniosa y perfecta con mi pareja ideal. Doy gracias.

Dios en mi sabe donde está la persona ideal para mi. La mente universal trabaja para atraer a mí a ese maravilloso ser humano que armoniza perfectamente con todos los aspectos de mi personalidad. Lo que yo estoy buscando me está buscando a mí. Ahora atraigo de manera irresistible a mi pareja ideal. Nos reconocemos inmediatamente y construimos un amor verdadero y perfecto. En nuestra relación prevalece el respeto, la comprensión, la armonía y el mutuo apoyo. Gracias Dios por prosperarme a través de esta relación. Yo reconozco y bendigo el Cristo interior en el corazón de mi pareja ideal y decreto armonía perfecta entre nosotros.

Agosto 10

Dios manifiesta mis deseos de manera perfecta. El Universo me apoya y me provee de todo lo que necesito.

Dios es la única fuente de todo lo que necesito. Mis deseos son enviados al Universo y respondidos amorosamente. Mis deseos deben ser cumplidos, esa es una orden divina que debe ser siempre obedecida. Mis necesidades han sido ya satisfechas por el infinito amor de Dios en mí. Dios cuida de mí y me provee de todo lo que yo pueda necesitar. Gracias Dios por la infinita abundancia y generosidad del Universo.

Agosto 11

El éxito en todas las áreas de mi vida se me da con facilidad y sin esfuerzo. Tengo dinero en abundancia.

Dios es infinitamente generoso. Dios comparte conmigo todos Sus tesoros. Dios creó todo lo que existe para que yo lo disfrute. Yo Soy importante para Dios. Dios cuida de mí en todo momento y en todo lugar. Así como las aves y los árboles del bosque tienen todas sus necesidades ya resueltas, así mismo Dios me provee abundantemente de todo lo que deseo. Todo en la creación tiene su momento para ocurrir; los árboles no se estresan por florecer y hacer crecer su follaje. Con la misma facilidad yo manifiesto todo lo que deseo.

Agosto 12

Ahora me permito expresar mis sentimientos y emociones. Me siento seguro siendo yo mismo.

Yo soy libre de expresar lo que siento. Soy respetado por mi honestidad y sinceridad. Digo y hago lo que creo que es correcto. Permito que de mi boca salgan solamente palabras constructivas, palabras de aceptación y de aliento para mí y para los demás. Dejo que Dios se exprese a través de mí. Reconozco que al hablarle a los demás estoy hablando con Dios en ellos. Me permito que sólo el amor se exprese por medio de mis palabras y acciones. Es seguro ser yo mismo, Yo Soy amor incondicional para mi y para los demás.

Agosto 13

Es justo que yo tenga todo lo que deseo y necesito. El Universo es infinitamente abundante y generoso.

Me deshago de todas las ideas limitantes que heredé de la sociedad las cuales me hicieron creer que la riqueza era algo malo. Acepto todo lo que Dios tiene preparado para mí sabiendo que lo merezco por el simple hecho de ser hijo del creador amoroso del Universo. Gracias padre Dios por tu infinito amor y suministro abundante en cada instante de mi vida.

Agosto 14

Ahora estoy dispuesto a recibir todas las bendiciones de este Universo tan abundante. Soy prosperado.

Abro mi conciencia al infinito número de canales y posibilidades que Dios tiene a Su disposición para hacerme llegar todo lo que necesito. Soy prosperado por medio de mi empleo y mi salario pero también por medio de mis amigos y familiares y por las instituciones. Dios está en acción en este momento en todas las áreas de mi vida. Recibo regalos esperados e inesperados de fuentes ilimitadas. El Universo me prospera de manera abundante y constante. Yo Soy infinitamente rico por la gracia de Dios.

Agosto 15

Estoy vibrantemente saludable y radiantemente vivo. Yo Soy vida eterna.

Yo Soy vida eterna; la chispa divina dentro de mi corazón es eterna. Dios en mi me ha provisto de salud perfecta. En el mundo espiritual todo es perfecto. Dios es eterno y me ha heredado un espíritu que vivirá por siempre. Yo Soy un ser espiritual divino y perfecto. Yo Soy uno con Dios y he heredado todas las cualidades divinas de amor, sabiduría, inteligencia, belleza, salud y vida eterna. Gracias Dios en mí por tu infinita generosidad.

Agosto 16

Estoy satisfecho con el trabajo que realizo. Tengo un sueldo magnífico y gano dinero en abundancia.

La perfecta expresión de mis talentos trae a mi vida todo lo que yo necesito. A través de la expresión de mis talentos y habilidades logro la satisfacción personal y la felicidad. El éxito económico es el resultado lógico de mi realización personal. Soy feliz haciendo lo que más me gusta y el Universo me bendice y me prospera abundantemente. Gracias Dios en mí porque ahora realizo el trabajo perfecto y soy recompensado de manera extraordinaria por mi servicio a la humanidad.

Agosto 17

Acepto mi cuerpo exactamente como es. Disfruto su apariencia y cuido de él.

Dios me dio un cuerpo perfecto que funciona perfectamente. Cada una de mis células cumple con su función. Dios no comete errores. Hay una razón superior para que yo tenga este cuerpo físico. Tengo el cuerpo perfecto para realizar la función que vine a cumplir a este mundo físico. A través de este cuerpo maravilloso y perfecto, Dios me provee de todas las herramientas que necesito para cumplir con mi misión. Antes de venir a este mundo físico, yo escogí este cuerpo porque es el cuerpo perfecto para aprender lo que tengo que aprender en esta encarnación. Gracias Dios porque Yo Soy un ser completo y perfecto. Tengo todo lo que necesito aquí y ahora. Acepto y disfruto todas las etapas de mi vida física. Es maravilloso estar vivo.

Agosto 18

Hoy, cada célula, articulación, músculo y órgano de mi cuerpo, es amado y apreciado. Estoy perfectamente sano.

Reconozco que Dios habita en cada una de mis células, Dios es la vida que vibra dentro de mí. Reconozco y bendigo la presencia infinita de Dios en cada una de mis células. Amo mi cuerpo, lo aprecio y lo cuido, sabiendo que Dios vive dentro de mí. Yo Soy infinitamente perfecto. Yo Soy salud perfecta y vida eterna.

Agosto 19

El amor divino fluye a través de mí sanando y perfeccionando constantemente cada célula de mi cuerpo.

La energía amorosa de Dios está presente en cada célula de mi cuerpo. Dios es la única presencia manifestándose en cada célula, en cada átomo de mi ser. Yo Soy divinamente renovado en cada instante de mi vida. Yo Soy salud perfecta aquí y ahora y para siempre.

Agosto 20

Hoy, cada célula de mi cuerpo responde afirmativamente a mis imágenes mentales positivas.

Creo para mí el cuerpo sano y perfecto que me pertenece por derecho divino en el plano espiritual. Dios es salud perfecta expresándose a través de mí. Visualizo mi cuerpo en perfecto estado de salud funcionando de manera perfecta, lleno de energía y vitalidad y las células de mi cuerpo responden amorosamente a la imagen que creo en mi mente. Gracias Dios en mí por mi salud perfecta.

Agosto 21

Hoy escucho a mi cuerpo y respondo cariñosamente a sus necesidades. Yo Soy salud perfecta.

Mi cuerpo se comunica conmigo a través del dolor o malestar; escucho con amor a mi cuerpo y hago los cambios necesarios para que mi cuerpo se sienta mejor. Cuido de mi cuerpo porque sé que es el vehículo para la expresión de mí ser superior. Me alimento sanamente y ejercito mi cuerpo con y por amor a mí mismo, por amor al ser perfecto que Yo Soy.

Agosto 22

Hoy mi mente y mi cuerpo están en equilibrio perfecto. Estoy sano y en armonía. Doy gracias.

Mi cuerpo y mi mente trabajan unidos para manifestar armonía y salud perfecta en cada momento de mi vida. Mantengo mi mente llena de pensamientos positivos sobre mi mismo y los demás. Me amo y me apruebo exactamente como Yo Soy. Mis emociones y actitudes son positivas. Amo la vida y vivo con plenitud cada etapa en el maravilloso proceso evolutivo de mí ser superior.

Agosto 23

El amor de mi Cristo interior fluye a través de mí para lavar y sanar todo mi cuerpo y mis emociones.

El amor divino de mi ser superior fluye constantemente y sin interrupción a través de mí, sanando, renovando, perfeccionando y rejuveneciendo cada célula de mí ser. Mi cuerpo es renovado constantemente. Conservo pensamientos positivos en mi mente y mis emociones se mantienen en equilibrio. Soy amor y doy amor incondicional a todos los demás. Vivo en armonía y en paz. Gracias Dios en mí.

Agosto 24

Hoy atraigo a mi vida a toda persona, lugar o cosa que necesito para sanar completamente. Gracias padre.

Cuando decreto que Yo Soy salud perfecta y que Dios es la única presencia en el Universo, mi padre-madre me hace llegar toda la ayuda que necesito para sanar lo que este aparentando enfermedad. Continúo con mi tratamiento médico y me visualizo gozando de salud perfecta y el Universo me responde con amor sanado y renovando todo mi ser. Gracias Dios por responder a mis oraciones.

Agosto 25

Dentro de mí se encuentra la inteligencia infinita y el infinito poder para sanar mi cuerpo.

Dios en mi es infinitamente poderoso y generoso. Dios desea para mi lo mejor y lo más perfecto. Enfoco mi fe en aquello que realmente quiero manifestar y rechazo los pensamientos negativos o derrotistas. Yo siempre tengo éxito porque Dios me dice a todo que sí. Elijo pensar solamente en aquello a lo quiero que Dios me diga que sí. Yo Soy co-creador junto con Dios de todas mis circunstancias en mi vida. Yo Soy infinitamente poderoso porque es Dios quien actúa a través de mi.

Agosto 26

Dios es el dador de todos los dones, yo tengo fe y confianza en Dios. El me ama y cuida de mí.

Las cualidades divinas son mi herencia divina. Yo soy amor, perfección, paz, armonía, salud perfecta y vida eterna. Reclamo la perfecta manifestación de todas las cualidades divinas a través de mí. Yo soy un vehículo para la expresión de Dios y Dios es perfección absoluta.

Dios cuida de toda su creación; Yo estoy divinamente protegido en todo momento y en todo lugar.

Agosto 27

Dios es la única presencia; nada hay a que temer. Dios nunca tiene miedo y Yo soy uno con Dios. Gracias padre.

La seguridad en mi vida no proviene de factores externos como el dinero u otras posesiones materiales, no hay tal cosa como la "seguridad económica" Mi seguridad proviene de saber que Yo soy uno con Dios y que tengo todo el poder que Dios tiene de crear y manifestar todo lo que necesito y deseo a través del uso de mi imaginación y mi fe. Me visualizo a mi mismo viviendo una vida plena, abundante y satisfactoria. Confió en la divina protección en cada momento de mi vida sin importar que tan adversas parezcan las circunstancias externas.

Agosto 28

Nunca pierdo mi tiempo porque sé que Dios es el único creador. Dios vive aquí y ahora y siempre llega a tiempo.

Yo Soy eternamente exitoso porque Dios me dice a todo que sí. Yo estoy continuamente creando las circunstancias a mí alrededor. Depende de mi elegir que es lo que quiero manifestar en mi vida confiando que, sea lo que sea lo que yo elija, Dios me dirá a todo que sí. Acepto que el proceso creativo lleva su tiempo, el tiempo de Dios, y que aunque aún no vea manifestado lo que yo estoy visualizando en mi mente, el proceso creativo está trabajando en este momento para darme aquello que yo estoy pidiendo. Gracias Dios por la perfecta manifestación de los deseos de mi corazón.

Agosto 29

Dios existe y su presencia llena mi alma y gobierna mi vida. Dios me favorece constantemente.

Dios es un padre generoso y bondadoso que quiere darme siempre lo mejor y lo más perfecto. Reclamo mi bien más perfecto manteniendo en mi mente pensamientos que vayan de acuerdo con las verdades eternas. Dios es todo lo que es y existe, nada hay en el Universo que pueda dañarme o lastimarme si yo no le doy ese poder. Me mantengo conectado con la energía amorosa de Dios enfocándome en el centro de mi corazón donde Dios vive en mí. Es seguro vivir. Yo Soy uno con Dios y todo está bien.

Agosto 30

Dios habita en cada ser humano. Yo veo a Dios en cada ser humano. Respeto y amo a toda la creación. Respeto y amo la vida.

Dios es la única energía creadora que existe en el Universo. Dios habita en cada átomo en el Universo. Amo a toda la creación sabiendo que Dios habita en cada ser humano, planta, animal o cosa con la que yo tenga contacto. Gracias Dios por hacerme consciente de tu infinita presencia en el Universo y en todas mis relaciones y aspectos de mi vida.

Agosto 31

Todos somos una expresión divina. Si hablo mal de los demás, estoy hablando mal de Dios.

"Aquello que hicieras a tu prójimo, a mi me lo hicieres"
Cuando me mantengo conciente de mi divinidad y de la divinidad de los demás, me es más fácil aceptar, sin juzgar, que los demás están creando sus propias experiencias de acuerdo a sus creencias y a los pensamientos que ellos mantienen en sus mentes. Respeto el libre albedrío de los demás y acepto que cada quien esta viviendo su propio proceso evolutivo. Reconozco y bendigo el Cristo interior en el corazón de cada ser humano habitando el planeta y decreto armonía perfecta entre todos ellos y yo.

Septiembre primero

Reconoce que eres una creación divina y perfecta, habla siempre bien de ti mismo y de los demás.

Siempre tengo presente que Yo soy una criatura divina y perfecta. Me amo, me apruebo y me valoro.

Mi valor proviene de Dios en mí. Mi valor no está relacionado con mi posición económica, mi conocimiento intelectual o mi belleza física. A los ojos de Dios todos somos iguales. Las posesiones materiales y los atributos físicos e intelectuales son todos regalos de Dios que no deben envanecernos, más bien debemos sentirnos afortunados y agradecidos por haber manifestado en esta vida presente cosas que otros muchos no han tenido la oportunidad de disfrutar.

Septiembre 2

La gente me conoce y confía en mi. La gente siempre piensa bien de mi y me acepta como Yo Soy.

Yo soy aceptado y bienvenido a donde quiera que voy. Yo soy digno de confianza. Respeto a los demás y soy respetado. Doy y recibo amor y buena voluntad. Dios se expresa a través de mis relaciones interpersonales y atrae hacia mi todo lo que me hace feliz. Disfruto de armonía perfecta en todas mis relaciones. Me amo y me apruebo Amo y apruebo a los demás.

Septiembre 3

Mi mente, cuerpo y espíritu son un equipo saludable, aquí y ahora. Gracias padre.

Armonizo mis pensamientos con las verdades eternas y mi mente y mi ser superior trabajan juntos para manifestar mi bien más perfecto. Al mantenerme conectado con Dios en mi a través de la meditación me armonizo con el Universo y con todo lo que Dios en mi es. Todo lo que yo experimento a mi alrededor viene de Dios en mi. Cuando yo bloqueo esa conexión con Dios es cuando las circunstancias a mi alrededor comienzan a manifestar conflictos de todas índole, como enfermedades, pleitos, malentendidos, carencias, limitaciones, etc. Si quiero experimentar armonía, amor y abundancia en mi vida debo mantener mi conexión con Dios a través de la meditación y los decretos y afirmaciones positivas. Aquí y ahora permito que mi ser espiritual, mi ser mental y mi ser físico, trabajen en armonía para mi mayor bien.

Septiembre 4

Me alegra haber nacido y estoy feliz de estar vivo. Yo soy vida eterna y salud perfecta para siempre.

Agradezco la maravillosa oportunidad de experimentar la vida a través de mi cuerpo físico. Doy gracias por poder evolucionar espiritualmente experimentando la vida terrenal. Sé que yo elegí venir a este planeta y agradezco todo lo que me ha tocado vivir; sé que hoy tomo decisiones más sabias que antes porque ahora estoy consciente de mi divinidad y de mi unidad con Dios en mi. Gracias padre Dios por el maravilloso regalo de la vida.

Septiembre 5

Yo Soy infinitamente inteligente y creativo, las ideas fluyen abundantemente a través de mi.

Yo soy un ser creativo al igual que mi padre Dios. Yo estoy continuamente creando el mundo a mí alrededor. Ahora expreso mis ideas y trabajo en ellas con entusiasmo porque sé que el Universo entero me apoya. Cuando una idea llega a mi es porque Dios quiere que sea yo quien la lleve a cabo. Cuando siento el deseo de hacer o tener algo es porque ya estoy preparado para recibirlo. Siempre tengo éxito en mis proyectos y en mi vida porque Dios me dice a todo que sí. Gracias Dios por mi herencia divina y tu inmensa generosidad.

Septiembre 6

Me amo cuando expreso mis sentimientos, dejo que los demás expresen sus sentimientos libremente.

Dios nos dio libre albedrío. Todos somos libres. Nadie le pertenece a nadie. Me deshago del deseo de controlar la vida de los demás, en especial la de mis seres queridos. Reconozco y acepto que mi familia es parte de mi vida pero sus vidas no me pertenecen ni tampoco soy responsable de sus acciones. Dejo que cada uno de mis hermanos humanos se exprese libremente. Acepto nuestras diferencias y las bendigo pues sé que Dios se expresa a través de cada uno de nosotros. Acepto, sin juzgar, a cada uno de mis semejantes.

Septiembre 7

Me gusta hacer cosas que me hagan sentir bien. Es seguro disfrutar de mis actividades cotidianas.

Me deshago de la vieja creencia de que "hay que sufrir para merecer" Acepto y reconozco que la voluntad de Dios para mi es que yo sea feliz en todo momento de mi vida. Yo soy hijo de un Dios amoroso y generoso. Disfruto cada instante de mi vida sin culpa. Sé que yo soy el único responsable de cómo me siento y como reacciono a las circunstancias externas. Hoy me permito hacer cosas que me produzcan placer y que hagan feliz a mí ser.

Septiembre 8

Disfruto mi trabajo y el servicio que le doy a la humanidad a través de él. Gracias padre.

Desecho la idea de que el trabajo debe ser algo fastidioso y pesado, "por eso es trabajo" Reconozco que tengo una misión en la vida y la cumplo con agrado. Si mi trabajo no es lo que yo más he deseado en la vida, le pido a Dios lo que realmente deseo hacer; aquello que me hace inmensamente feliz y que haría aunque no me pagaran un centavo. Yo vine a este plano material a aprender y a disfrutar. Aprendo mis lecciones sin dolor y me deshago de la idea de que sufrir es algo necesario para avanzar en mi camino espiritual.

Septiembre 9

Sirvo a Dios a través de la humanidad. Lo que doy, regresa a mi multiplicado miles de veces. Soy prosperado.

Gracias padre Dios porque ahora sé que toda causa tiene un efecto. Sé que todo lo que yo haga en bien de mis semejantes me será devuelto con creces, multiplicado miles de veces. Ahora doy con amor y sin esperar la retribución de esas personas porque sé que Tú eres el único dador y el regalo mismo. Gracias padre por prosperar a los demás a través de mi y gracias por prosperarme a mi a través de los demás. Te amo.

Septiembre 10

Expreso mis dones y talentos; son las herramientas que Dios me ha dado para servirle a El y a los demás.

Todos tenemos algo que hacemos mejor que los demás y que nos causa un placer sin igual; esos son nuestros talentos únicos. Para prosperar fácilmente en la vida debes expresar tus talentos; esa es la manera más fácil de manifestar abundancia y opulencia en tu vida. Atrévete a expresar tus talentos sin miedo, recuerda que Dios te prosperará abundantemente.

Septiembre 11

Acepto mis errores del pasado y me perdono. Reconozco que fueron necesarios para aprender.

Perdono completamente mi pasado, reconozco que todo lo que he vivido fue necesario para hacer de mí el maravilloso ser humano en el que me he convertido. Lo que soy hoy es el resultado de mis experiencias pasadas. Bendigo mi pasado y lo dejo ir, me libero de él sin miedo y sin culpa. Perdono a los demás sabiendo que ellos también estaban aprendiendo cuando me lastimaron y ahora son mejores gracias a esas lecciones. Gracias Dios por la maravillosa oportunidad de vivir y aprender. Gracias por mis amigos y mis "enemigos" porque de todos ellos aprendí algo. Ahora sé que todas las personas llegan a mi vida para prosperarme de alguna manera.

Septiembre 12

Perdono a los que me hicieron daño y me perdono a mi mismo por haberlo permitido.

Reconozco que en algunos momentos del proceso evolutivo tenemos necesidad de ser lastimados porque no nos amamos a nosotros mismos y atraemos a personas que reafirmen esa creencia de que no somos lo suficientemente buenos o valiosos. Las personas que me lastimaron en el pasado cumplieron su misión en mi vida y ya se fueron. Bendigo el Cristo interior en cada uno de ellos, me libero y los dejo libres. Ya no los necesito. Ahora me amo y me apruebo y atraigo a mi vida solamente personas amorosas y amables que reafirman mi convicción de que soy valioso y digno de ser amado. Me amo y me apruebo, soy valioso y digno de ser amado. Me acepto exactamente como Yo soy.

Septiembre 13

Sin importar los estándares sociales, reconozco que Yo soy un ser hermoso y perfecto.

Amo cada parte de mi ser, mi cuerpo funciona perfectamente.
La belleza de Dios se expresa a través de mí. Gracias Dios porque yo soy un ser de luz. Ahora valoro toda la belleza de mi ser superior y dejo que se exprese libremente a través de mi cuerpo físico. Reclamo la belleza y perfección de Dios en mí. Yo soy belleza y juventud eterna.

Septiembre 14

Mi cuerpo físico es una máquina de funcionamiento perfecto. Amo y cuido el cuerpo que Dios habita.

Me mantengo conciente de mi unidad con Dios. Reconozco y bendigo la chispa divina que brilla dentro de mí. Cuido de mi cuerpo como la casa de Dios. Envío amor a cada célula de mi cuerpo y mis células me responden con amor multiplicándose y renovándose constantemente. Yo soy un ser perfecto y mi cuerpo también lo es. Cada órgano de mi cuerpo funciona perfectamente y se mantiene en armonía y equilibrio con el resto de mi cuerpo.

Septiembre 15

Recuerdo respirar profundamente y relajar mi cuerpo y mi mente, con frecuencia, durante el día.

Frecuentemente me conecto con Dios en mí, enfocando mi atención en el centro de mi corazón y respirando tranquilamente. De esta manera me relajo y tranquilizo mi mente para llenarla de pensamientos positivos que vayan de acuerdo con las verdades eternas de Dios en mí. Me mantengo tranquilo y relajado sabiendo que Yo soy uno con Dios. Dios está a cargo y todo está bien.

Septiembre 16

Mientras más me amo y me aprecio, más atractivo me vuelvo. Merezco el amor y la admiración de los demás.

Dios en mi, es mi valor. Yo merezco ser amado y valorado porque Yo soy uno con Dios, soy hijo de Dios y valgo tanto como Dios porque Dios me ha creado por amor. Dios me ama y me aprecia y quiere lo mejor para mi. La creación entera contiene a Dios, por lo tanto, la creación entera me ama y me aprueba. Gracias Dios porque ahora me mantengo conciente de mi divinidad y de mi conexión con toda la creación. Dejo que la luz de mi ser superior brille a través de mi.

Septiembre 17

Mi relación con mi pareja es totalmente armoniosa y perfecta. Veo a Dios en ella, ella ve a Dios en mí.

Cuando reconozco y bendigo el Cristo interior en el corazón de los demás, mis relaciones se armonizan y perfeccionan; todo aquello que no sea perfecto, desaparece y da paso a la armonía de Dios en mi. Envuelvo a mi pareja y mi relación con ella en la luz de Dios y todo vuelve a su perfección espiritual. Reclamo lo que es mío por derecho de conciencia y Dios manifiesta para mi lo mejor y lo más perfecto. Gracias Dios por la armonía perfecta en todas mis relaciones.

Septiembre 18

Veo en mi pareja sus virtudes y buenos hábitos y alejo mi atención de sus desaciertos. La amo como es.

Acepto a los demás como son sabiendo que todos estamos en diferentes etapas de nuestra evolución. Cada uno tiene diferentes lecciones que aprender. Hay diferentes aspectos que mejorar en cada uno de nosotros. Sé que aquello en lo que coloco mi atención crece y se multiplica. Hoy decido ver solamente aquello que me más me gusta en los demás y lo hago crecer. Al reconocer el Cristo interior en los demás hago crecer en ellos la manifestación de sus cualidades divinas. Al ver a los demás como son en Espíritu atraigo hacia mi lo mejor de cada quien.

Septiembre 19

Mientras más me amo a mi mismo, más amo a los demás. Mientras más doy, más recibo y más feliz me siento.

Nadie puede dar lo que no tiene. Yo soy amor y amo a los demás incondicionalmente. Acepto a los demás como son y reconozco que su ser superior se está expresando a través de cada uno de ellos. Puede que haya cosas con las que no estoy totalmente de acuerdo pero sé que cada quien es libre de elegir que hacer con su vida. Evito juzgar y practico la tolerancia y la aceptación. Amo sin condiciones y sin límites y soy amado de la misma manera. Es seguro amar y compartir lo que tengo.

Septiembre 20

Atraigo a mi vida personas que me valoran y a quienes valoro. Mis relaciones amistosas son gratificantes.

En la vida cada quien atrae aquello en lo que cree; mientras más conciente me encuentro de mi divinidad y la de los de más, mejores son mis relaciones. Cuando reconozco y bendigo el Cristo interior en los demás, el amor divino armoniza y perfecciona mis relaciones. La vida es mejor cuando disfrutamos de relaciones sanas y gratificantes. Cada una de las personas que conozco está en mi vida para prosperarme de alguna manera. Gracias Dios.

Septiembre 21

Acepto que todas las personas que conozco, están en mi vida para ayudarme, enseñarme y prosperarme.

En el universo todo es un intercambio de la energía divina. Todos somos instrumentos de Dios para hacer llegar a los demás lo que necesitan. Estamos en la vida de los demás para darle a Dios la oportunidad de actuar en sus vidas. Cuando alguien te regala algo, no es en si esa persona sino Dios a través de ella. Dios es el único proveedor, las personas y las instituciones son sólo los medios o canales que Dios utiliza para su expresión. Agradece siempre la ayuda de los demás y acéptala con amor, sabiendo que Dios es quien te lo está haciendo llegar. Cuando des algo, no esperes retribución alguna de esa persona, recuerda que Dios es el proveedor y tú sólo eres el medio para hacérselo llegar. Gracias Dios por utilizarme para prosperar a los demás.

Septiembre 22

Hoy tengo un trabajo perfecto y bien remunerado. Mis jefes me aprecian y valoran mi servicio.

Yo soy la perfecta expresión de todos mis talentos y habilidades. Soy apreciado y bienvenido. Soy próspero y prospero a los demás a través de mi perfecta expresión personal. Mi servicio a la humanidad está inspirado por el amor divino. Expreso mis talentos con gratitud sabiendo que son el medio que Dios me ha dado para cumplir mi misión en esta vida. Gracias padre Dios por permitirme servirte y servir a la humanidad a través de la perfecta expresión de mis talentos únicos.

Septiembre 23

Hoy recibo de mi pareja toda la satisfacción emocional, sexual y financiera que yo merezco.

Dios quiere lo mejor para mi, Dios atrae hacia mi todo lo que yo deseo y necesito. Todas mis necesidades están cubiertas. Hoy tengo más que suficiente. Mi pareja comparte con amor todo lo que tiene y recibo de ella todo lo que necesito para llevar una vida plena en todos los aspectos de nuestra relación. Gracias Dios por prosperarme a través de mi pareja.

Septiembre 24

Reconozco que cuando señalo a alguien con un dedo de mi mano, otros tres dedos me están señalando a mí.

Por lo general, aquello que criticamos en los demás tiene mucho que ver con cosas que no soportamos en nuestra propia personalidad pero que no nos atrevemos a aceptar en frente de los demás, o simple y llanamente, no queremos que los demás descubran en nosotros, así que señalamos a otros para desviar la atención de nuestras propias fallas. Cuando sientas el deseo de criticar o juzgar los actos ajenos, pregúntate que tanto, de eso que criticas en otros, hay en ti mismo. Eso te ayudara a madurar más rápidamente y eliminar defectos en tu carácter. Pide la guía de la sabiduría divina y sé honesto contigo mismo.

Septiembre 25

Mis relaciones personales son un reflejo de mi mundo interior. Son la manifestación de mis creencias.

Todo, absolutamente todo lo que tus ojos puedan ver, ha sido creado por ti. Todo a tu alrededor es un espejo de tus propias creencias. La manera en que los demás te tratan es un reflejo de la manera en que tú te tratas a ti mismo o de la manera en que crees, subconscientemente, que debes ser tratado. Si no eres tratado de la manera en que tú deseas por alguien que es muy importante para ti, renueva tu mente negando los pensamientos negativos sustituyéndolos por creencias positivas. Reconoce y bendice el Cristo interior en el corazón de esa persona y verás milagros; cambios maravillosos suceden cuando llevas la luz a la oscuridad.

Septiembre 26

Si quiero manifestar relaciones perfectas con los demás tengo que cambiar mis creencias.

En el sendero espiritual nada hay que tenga más valor que la renovación de tu mente. Esa es nuestra principal misión en la vida. Dedica tiempo a la meditación, niega la apariencia de aquello que no te gusta y afirma aquello que realmente quieres ver manifestado. Es un trabajo arduo y continuo pero vale mucho la pena, es así como lograrás tu paraíso terrenal en esta vida. Visualízate viviendo en un mundo personal libre de culpas, resentimientos, carencias o enfermedades. Ese es el verdadero cielo.

Septiembre 27

Yo soy uno con Dios. Siempre estoy divinamente protegido; siempre estoy en el lugar y el momento correcto.

Dios es la única presencia y el único poder. Dios es todo lo que es y existe, luego entonces, nada hay que pueda amenazar tu seguridad, pues vayas a donde vayas, Dios te está esperando. Mantente consciente de esta verdad y ten fe en que Dios está a cargo de todos tus asuntos. Cuando fluyes con la vida sin oponer resistencia todo te resulta más fácil. Es como nadar con la corriente. Dios siempre te llevará al mejor lugar y te rodeará de las personas adecuadas para cumplir con tu misión y prosperar.

Septiembre 28

Reconozco que las diferentes razas y culturas son una manifestación de la infinita abundancia del Universo.

Dios es infinitamente creativo. Dios nunca se repite. Esto lo puedes comprobar con el hecho de que nadie tiene las mismas huellas dactilares. Incluso los gemelos tienen características físicas y ADN diferente. Todos somos únicos e irrepetibles. También en el reino vegetal y animal podemos encontrar esta infinita abundancia; hay múltiples especies de plantas, frutos y animales. Bendigo a las diferentes razas, sabiendo que todos provenimos de la misma fuente. Dios es el único creador. Yo soy uno con el Universo entero.

Septiembre 29

Todos somos un medio para que Dios le haga llegar a otros lo que necesitan. Me dispongo a servir con amor.

Cuando entiendes que eres un canal para la expresión divina, te liberas de la presión de ser algo que no eres. Tú eres importante y valioso sólo por ser hijo de Dios. Acepta que eres Dios es acción y déjate fluir con libertad. Mientras más conciente estás de tu divinidad más libre dejas el camino para que Dios se exprese a través de ti y cosas más grandes y maravillosas puedes ver manifestadas a tu alrededor. Hoy dejo el camino libre para que Dios prospere a los demás a través de mí.

Septiembre 30

Yo soy generoso con mi tiempo y mi dinero y el Universo me devuelve mi amor con abundancia.

Todo lo que doy, me es devuelto por el Universo multiplicado miles de veces. Cuando quiero recibir algo, comienzo por darlo. Si quiero mayor riqueza en mi vida, comienzo por ser más generoso. Si quiero más amor en mi vida, comienzo a ser más cariñoso y expresivo. Si quiero más conocimiento, comienzo por compartir lo que sé. Esta es la ley de causa y efecto en acción. Utilízala a tu favor.

Octubre Primero

Se tolerante y perdona los errores de los demás.

Perdono los errores de mis padres. Reconozco que ellos me dieron lo mejor que tenían. Doy gracias.

El amor de nuestros padres suele ser el más incondicional que puedas encontrar en tu vida. De uno u otro modo ese amor está condicionado por las creencias personales de nuestros padres, pero puedes estar seguro de que siempre te darán lo mejor que haya en ellos. Agradece la presencia de tus padres en tu vida, recuerda que antes de venir a este plano físico, tú los escogiste como padres, porque eran los más indicados para ayudarte a cumplir con tu misión en esta vida presente.

Octubre 2

Me libero de la necesidad de juzgar a los demás. Sé que todos actúan de acuerdo con sus creencias.

Las personas no son buenas ni malas, sólo tienen creencias positivas o negativas. Recuerda que todo lo que físicamente puedas ver es sólo una apariencia. Lo verdadero está solamente en el Espíritu. Cuando veas alguna apariencia desagradable a tu alrededor, como una enfermedad, conflicto, carencia o desarmonía, reconoce y bendice el bien presente en esa situación y visualiza esa circunstancia, armoniosa y perfecta, como es en el Espíritu. Cuando veas a alguna persona manifestando algo imperfecto, pide ayuda a sus ángeles y a su Cristo interior, ellos no pueden intervenir con su libre albedrío pero si la pueden guiar para que tome mejores decisiones.

Octubre 3

Cada uno es responsable por las decisiones que toma. Cada quien recibe lo mismo que ha dado.

La energía divina es como un boomerang, cada pensamiento, cada acción atrae hacia ti su igual. Si tienes pensamientos de odio hacia alguien atraerás a tu vida situaciones que mantengan vivo ese odio. Si mantienes en tu mente pensamientos de carencia atraerás a tu mundo situaciones que te ayuden a reafirmar esa creencia. Ahora sabes que Dios es amor incondicional, salud perfecta, vida eterna y armonía perfecta en todas las situaciones. Cuando te descubras a ti mismo teniendo pensamientos que no vayan de acuerdo con las cualidades divinas, niega ese pensamiento y decreta que Dios es perfección en todo momento. Dios nos dio libre albedrío para utilizar la energía divina, nuestra misión es aprender a usarla de la mejor manera para crear un mundo perfecto para toda la humanidad.

Octubre 4

La gente no es buena, ni mala. Sólo tiene patrones mentales positivos o negativos.

Todos somos seres espirituales divinos y perfectos. Para sacar lo mejor de la gente basta con reconocer y bendecir su Cristo interior. Esto es como traer la luz a un cuarto oscuro. Es combatir la mentira con la verdad.

Octubre 5

El fracaso es sólo una apariencia. El Universo nunca comete errores.

En el Universo todo es orden y equilibrio perfectos. Lo creas o no, siempre has tenido éxito al crear las experiencias a tu alrededor, has sido tú el que ha elegido que es lo que quieres experimentar eligiendo tus pensamientos, el Universo siempre te ha respondido con un SI a todo lo que tú has elegido pensar y creer. Siempre has estado usando la energía divina aún sin saberlo y has creado todas las apariencias a tu alrededor; enfermedades, conflictos, desarmonías, escasez o limitaciones, todo. También has creado felicidad, alegría, armonía, riqueza, éxito, amor, salud. Sí, has sido tú y sólo tú, quien ha elegido que pensar y que creer como cierto o verdadero. Pero no te preocupes, ahora estás aprendiendo que tienes el derecho y la libertad de elegir y renovar tu mente a tu antojo así que, de ahora en adelante, vigila lo que piensas, lo que dices y lo crees. Es un proceso que lleva tiempo pero que vale mucho la pena y créeme, nadie lo puede hacer por ti. Es un camino personal, individual y único, pero puedes confiar que Dios estará contigo a lo largo de tu recorrido.

Octubre 6

El fracaso es sólo una manera del Universo de decirnos que hay otra forma mejor de hacer las cosas.

Cuando un científico está tratando de encontrar una vacuna para alguna enfermedad o inventar algo tiene que intentar muchas veces diferentes alternativas para lograr lo que se ha propuesto descubrir o inventar, eso no quiere decir que haya fracasado todas esas veces. Todos esos intentos son pasos que lo ayudan a descubrir algo nuevo para mejorar su trabajo. El Universo nos provee de todas las herramientas que necesitamos para cumplir con nuestra misión; es sólo que a veces lo que creemos correcto no es la mejor manera de hacer las cosas. Cuando tienes alguna idea debes confiar que Dios te provee de todo lo necesario para llevarla a cabo. Si tienes una idea quiere decir que ya estás preparado para realizarla. Déjate guiar y no te desanimes, sigue paso a paso el proceso creativo y confía en ti mismo y en el Universo. Todo te llegará en el momento en que lo necesites.

Octubre 7

Ayudo a los demás en lo que puedo pero dejo que cada quien se haga responsable de sus actos.

En la vida cada quien es responsable de sus acciones. Ni siquiera los padres son responsables por las acciones de sus hijos. Los padres siempre nos dan lo mejor que tienen, la manera en que los hijos percibimos las enseñanzas de nuestros padres y como reaccionamos a ellas depende enteramente de nosotros. Es por esos que en una misma familia, donde todos los hijos han sido criados de la misma manera, cada quien logra diferentes cosas en la vida. La misma circunstancia puede resultar traumática para una persona y ser totalmente inofensiva parar alguien más. Deja de culpar a otros de tus decisiones, recuerda que tú eres el único responsable de lo que eliges pensar y creer.

Octubre 8

Nunca trato de complacer a nadie más. Me gusto a mí mismo y eso es lo que cuenta. Soy yo mismo.

En la vida muchas veces es difícil complacernos nosotros mismos, imagina lo difícil que seria complacer a todas las personas a nuestro alrededor. Deja de perder tu tiempo tratando de complacer a otros, ámate como tú eres, da lo mejor de ti y vive feliz; quien esté preparado para ver lo grandioso que eres lo verá con facilidad; quien no lo esté, no lo verá por más que te esfuerces.

Octubre 9

Me perdono por el dolor que yo mismo me he causado y por el dolor que he permitido que otros me causen.

A esta vida hemos venido a aprender, no a sufrir. Por generaciones nos han enseñado que hay que sufrir para merecer y que las lecciones de la vida se aprenden con dolor. Deshazte de esas creencias. Pide a tu Cristo interior que te ayude a aprender tus lecciones sin dolor y escucha su guía. El dolor en la vida proviene de nuestro estado de "embotellamiento mental" donde permitimos que nuestros pensamientos se atropellen sin control y no dejamos espacio para el silencio; sólo en el silencio podrás escuchar a tu ser superior. El siempre te ha estado guiando pero la mayor parte del tiempo has estado muy ocupado con tus pensamientos y no le has prestado atención.

Octubre 10

Nunca permito que la gente o las circunstancias me hagan daño. Yo elijo que actitud tomar frente a la vida.

Para muchas personas, quedarse sin trabajo en una verdadera tragedia, para otras, es una maravillosa oportunidad de empezar de nuevo. La situación es la misma, la actitud es completamente diferente. Tú decides como reaccionar ante las circunstancias en tu vida. Deja de sentirte víctima de las situaciones o las personas. Reconoce el inmenso poder que Dios te ha heredado, eres una criatura maravillosa con poderes que apenas puedes imaginar. Comienza cada día confiado de que Dios te tiene preparada una sorpresa increíble. Espera siempre un regalo de Dios.

Octubre 11

Me libero de las creencias que mis padres me heredaron. Ahora elijo mis propias creencias.

En tu mente mandas tú. Todo lo que hayas aprendido a creer cuando eras pequeño debe ser analizado a profundidad para depurar tus pensamientos y elegir de entre ellos aquellos que de verdad te sirvan para crear el mundo en el que tú quieres vivir. Si aprendiste que el mundo es inseguro o que hay escasez de empleo o alimento, que nunca hay suficiente, pregúntate si eso es lo que quieres experimentar en tu vida. Todo lo que hayas aprendido lo puedes borrar, y reaprender conscientemente, aquello que realmente valga la pena experimentar y creer, según tu juicio. El mundo es un lugar seguro para vivir. Hay abundancia de todo y para todos. Tengo más que suficiente. Dios es mi proveedor y mi provisión es ilimitada.

Octubre 12

Me libero de las creencias negativas de la sociedad. Yo soy libre para elegir en que creer.

La conciencia colectiva a estado invadida por conceptos erróneos acerca de Dios y su creación tales como el concepto de pecado y del infierno. Alguna vez te has preguntado si tu serias capaz de enviar a uno de tus hijos a una hoguera eterna de donde no podría salir jamás por mas arrepentido que estuviera de sus errores. Yo creo que no serias capaz. Entonces, si nosotros como humanos que se supone que somos malvados, perversos y pecadores, no seríamos capaces de enviar a uno de nuestros hijos a la hoguera eterna, como es que nos creímos ese cuento de que Dios, que es todo amor, sí es capaz de hacerlo con nosotros. Analiza aquello en lo que crees y pregúntate que tanto hay de verdad en esos conceptos, luego entonces, desecha lo que ya no te sirve.

Octubre 13

Yo elegí a mis padres biológicos antes de nacer. Los bendigo y agradezco lo que ellos me enseñaron.

Como siempre en la vida, yo he tenido la oportunidad de elegir todo aquello que me ayude a crecer espiritualmente. Mis padres biológicos fueron elegidos por mí porque eran los más indicados para enseñarme y ayudarme a cumplir con mi misión en esta encarnación. Los aciertos o errores que ellos hayan cometido son parte de mi aprendizaje. Bendigo su presencia o ausencia en mi vida y agradezco todo lo que de ellos he recibido. Reconozco y bendigo el Cristo interior en cada uno de ellos y decreto armonía perfecta entre ellos y yo. Gracias Dios.

Octubre 14

Valoro lo que mis padres me enseñaron. Conservo lo que me es útil y sigo mi propio camino con libertad.

Renuncio a las creencias negativas de mis padres, analizo mis creencias y me deshago de aquellas que no vayan de acuerdo con los valores eternos de Dios en mí. Renuevo mi mente y la alimento con conceptos espirituales llenos de amor, generosidad, abundancia, armonía y paz. Niego las apariencias negativas a mí alrededor y afirmo lo que realmente quiero ver manifestado en mi mundo. Gracias Dios por la libertad que tengo de elegir mis propias experiencias.

Octubre 15

El mundo es mejor porque yo estoy aquí. El Universo se alegra de mi presencia en este planeta.

Dios tiene un plan divino y perfecto para mí. Hay una razón muy poderosa para que yo este aquí en este momento. La gente a mi alrededor es prosperada por Dios a través de mi. Yo soy un canal abierto para la expresión divina. El amor divino que fluye a través de mi hace que este planeta sea un mejor lugar para vivir. Gracias Dios porque Yo soy un instrumento de tu paz.

Octubre 16

He sido creado para cumplir con un propósito y una misión únicos; un servicio que sólo yo puedo dar.

Cada uno de nosotros es un ser único, con características y personalidades irrepetibles. Así mismo es el servicio que cada uno puede darle a la humanidad. Hay muchos cantantes, pero cada uno de ellos tiene una personalidad diferente, una manera de interpretar diferente, un timbre de voz diferente. Así es con cada una de las profesiones y servicios que cada uno de nosotros podemos ofrecer. Eres único, siéntete único. Ofrece al Universo tus talentos y cumple con tu misión con amor.

Octubre 17

Cambio las circunstancias externas desde mi interior. Permito que el Universo me inspire a actuar.

Los cambios en mi vida y mi entorno se hacen desde mi interior. La vida se vive de adentro hacia fuera, si lo haces al revés sólo estarás perdiendo tu tiempo, dando vueltas en el mismo lugar. Si realmente quieres que las cosas cambien a tu alrededor debes cambiar tú desde adentro, cambiar tus pensamientos, tus actitudes, tus creencias. Esa es nuestra misión en la vida, descubrir quienes somos y conocernos como seres espirituales y perfectos y amarnos los unos a los otros como hermanos e hijos del mismo creador independientemente de nuestras circunstancias externas.

Octubre 18

Siempre consigo lo que quiero y sólo quiero cosas buenas para mí. El Universo me apoya y me respalda.

EL Universo me apoya en todo lo que emprendo. Yo soy exitoso, soy poderoso y capaz. Me amo y me apruebo a mi mismo porque sé que Yo soy una expresión divina y perfecta. Abro mi conciencia a la sabiduría del Universo y dejo que Dios actúe a través de mí. Dios es todo lo que es y existe, por consiguiente siempre estoy en la infinita presencia de Dios y siempre voy al encuentro de mi bien más perfecto. Gracias Dios por la sabiduría divina que se expresa a través de mí.

Octubre 19

He dejado de reprimir mis sentimientos. Me permito expresar mis sentimientos a los demás con libertad.

Amo a la creación entera sabiendo que Dios es todo lo que es y existe. Al amar a los demás estoy amando a Dios en ellos. Me permito expresar mis sentimientos sabiendo que soy libre para amar y demostrar lo que siento. Es seguro amar. Doy mi amor con libertad y Dios me devuelve mi amor multiplicado.

Octubre 20

Yo sé que la gente me trata de la misma manera en que yo me trato a mi mismo. Ahora me trato con amor.

Si quiero ser amado, debo comenzar por amarme a mi mismo. Me amo y me apruebo exactamente como Yo soy. Sé que Yo soy importante porque fui creado por amor para cumplir con una misión maravillosa que sólo yo puedo cumplir. Yo soy único e irrepetible. Me trato con amor y atraigo más amor hacia mí. Gracias Dios por la abundancia de amor en mi vida.

Octubre 21

Mientras más placer me permito recibir, más cerca me siento de Dios. El placer atrae más placer.

Fuimos creados con el único propósito de ser felices y manifestar todos los satisfactores que el mundo material nos ofrece como el amor, el dinero y el sexo. Date la oportunidad de disfrutar de todo lo que el mundo te ofrece pero ten siempre presente que Dios es quien te lo hace llegar. Disfruta de lo que tienes sin apego. Todo lo que existe fue creado para que lo compartamos. Disfruta y comparte. Lo que se almacena y no se deja circular, se pudre.

Hoy me permito disfrutar de todo lo que tengo con libertad y sin apego. Entre más doy, más recibo y más tengo para dar y regalar.

Octubre 22

Aquí y ahora, todas mis relaciones son amorosas, perdurables, armoniosas y perfectas.

Amo a todos mis semejantes, perdono sus errores y acepto nuestras diferencias como parte importante de una relación saludable. Las diferentes características en nuestras personalidades enriquecen nuestras relaciones haciéndolas más interesantes y excitantes. Doy gracias por el gran número de amigos y familiares que tengo. Yo soy uno con mi gran familia que es la humanidad entera, Amén.

Octubre 23

Digo lo que siento y pido lo que quiero con libertad. Tengo derecho a recibir. Es seguro dar y recibir amor.

Cuando me mantengo conciente de que Dios es el único dador y es el regalo mismo; aprendo a recibir con más agrado lo que la vida me hace llegar. Me libero del sentimiento de deuda porque sé que todo en la vida es un intercambio de la energía divina que hay en todas las cosas, personas y situaciones. No son las personas las que me hacen llegar las cosas que necesito, es Dios a través de ellas. Hoy recibo los regalos del Universo con agrado y doy de lo que tengo sin esperar retribución.

Octubre 24

Yo soy bueno con mi cuerpo y mi cuerpo es bueno conmigo. Amo la expresión de Dios a través de mi cuerpo.

Reconozco y bendigo la sustancia divina en cada una de las células de mi cuerpo. Reconozco que Dios está siempre presente en mí. Dios es la energía que manifiesta mi cuerpo y fluye a través de él. Cuido de mi cuerpo con amor y agradecimiento por su perfección, salud, belleza y juventud eternas.

Octubre 25

Me libero de la carga del rencor y el dolor en mis relaciones pasadas. Es seguro perdonar. Estoy a salvo.

Todo lo que ha sucedido en mi vida fue creado por mis pensamientos y creencias. Todas las personas y situaciones en mi vida las he atraído para prosperarme, para aprender de ellas. Puede que a veces te parezca que la vida ha sido difícil pero cuando ves las cosas en retrospectiva te darás cuenta de que todo fue para mejorar, ¿verdad? Así que has prosperado, ¿no es cierto?

Bien, pues ahora, cada vez que pienses en las personas que te lastimaron en el pasado, perdónalas, pídeles perdón y perdónate a ti mismo por haber permitido que te lastimaran. Déjalas libres y libérate de ellas con amor. Agradéceles su presencia en tu vida y por haberte prosperado y enseñado a ver la vida de otra manera, por haber madurado. Perdono y soy libre.

Octubre 26

Yo soy guiado por la mano divina para expresarme realmente a mi mismo. Gracias Padre.

Dios en mi, quiere mi felicidad completa. El plan divino incluye mi perfecta expresión personal en todas las áreas de mi vida.

Yo coloco y abandono en las amorosas manos de mi padre Dios mi trabajo, mis relaciones, mi patrimonio, mi vocación y todos los deseos de mi corazón. La inmensa generosidad de Dios me provee de todo lo que necesito. La inteligencia divina me guía en todo momento para tomar las decisiones correctas y perfectas que me lleven a la manifestación de todos mis sueños. Doy gracias a Dios por armonizar y perfeccionar todo lo que es importante para mí.

Octubre 27

Lo importante no es lo que piensan los demás de mi, sino lo que pienso yo de mi mismo.

La opinión de los demás es poco objetiva pues ellos se basan en lo tú dejas ver al mundo exterior y de sus propios patrones mentales y expectativas sobre ti. Ellos crean un personaje de ti basándose en su propia percepción. Lo realmente importante, lo que realmente afecta tu entorno, es lo que piensas de ti mismo, pues el concepto en el que tú te tienes a ti mismo es lo crea tus experiencias personales. Tus pensamientos son los que crean tu mundo exterior, eres tú el único que piensa en tu mente; por lo tanto eres tú el único responsable de tus experiencias. Deja de preocuparte de como te ven los demás y analiza como te ves a ti mismo. Si te amas a ti mismo, serás amado, si dudas de ti, los demás también lo harán. Todo depende de ti.

Octubre 28

Lo que pienso de Dios y de mi mismo es lo que veo manifestarse en mis circunstancias exteriores.

Si creo que Dios es un Padre amoroso y generoso, atraeré hacia mí el amor de los demás y la abundancia a la que tengo derecho. Si por el contrario, pienso que Dios no me ama por los errores que he cometido en el pasado, atraeré hacia mi, personas y circunstancias que me hagan seguir creyendo en lo mismo. Aquello en lo que pongo mi atención en eso me convierto. Decido mejorar mi relación con Dios y conmigo mismo. Me amo y me apruebo exactamente como Yo Soy. Hoy acepto que Dios me ama y me aprueba exactamente como fui creado. Nada tengo que cambiar en mí para ser merecedor del amor de Dios. Gracias Dios por amarme tal como Yo Soy.

Octubre 29

Invoco la ley del perdón y pido que todos mis errores y sus consecuencias sean neutralizados.

Dios es un Padre infinitamente bueno, que entiende que los errores que hemos cometido son parte de nuestro aprendizaje. Tú no castigarías a un bebe de 2 meses por no saber prepararse su propia mamila, ¿verdad? Así mismo Dios no nos castigaría por nuestros errores del pasado; nos equivocamos solo por nuestra falta de experiencia y conocimiento, nuestros errores nos enseñan a hacer las cosas mejor. Cuando sientas que te has equivocado y que tus errores han lastimado a otros o a ti mismo, invoca a la ley del perdón y a la llama violeta transmutadora y deja que ellas se ocupen de limpiarte de las consecuencias de tus fallas.

Octubre 30

Reconozco y bendigo la presencia infinita de Dios en mis relaciones y estas se armonizan.

Dios es el bien perfecto, todo lo que no sea perfecto en tu vida puede ser elevado en su frecuencia vibratoria si se lo entregas a Dios y decretas la verdad. Donde veas carencias y limitaciones, decreta abundancia. Donde veas conflictos, decreta armonía. Donde veas enfermedad, decreta salud perfecta y así mismo con todo lo que no te haga completamente feliz. Tienes derecho a vivir la vida de tus sueños, aquí y ahora. Reclama y decreta tu bien más perfecto y el Universo te responderá con amor.

Octubre 31

Aprendo de mis errores del pasado, me perdono y sigo adelante sin remordimientos. Gracias Padre.

La culpa y el remordimiento son sentimientos totalmente inútiles, más bien diría yo que son una carga que hace nuestra vida miserable. Nada hay que no pueda ser curado por el perdón. Acepta y reconoce que en el pasado hiciste las cosas lo mejor que pudiste de acuerdo con tu nivel de conciencia de aquel entonces. Perdónate por lo que no puedas cambiar, pide perdón y perdona a los demás. Si realmente quieres avanzar en el camino espiritual debes perdonar a todos los que te hayan lastimado y a ti mismo. Aprendo del pasado y me libero de la culpa y el remordimiento.

Noviembre Primero

Agradece todo lo que tienes. El Universo valora los corazones agradecidos.

Gracias Padre por la Vida que fluye a través de mí. Gracias por la eternidad de mi alma.

Yo Soy un ser espiritual divino y perfecto. Yo Soy vida eterna. Dios me ha creado por amor y me ha provisto de todo lo que necesito para vivir una vida plena y abundante. Gracias Dios por proveerme de todo lo que necesito, aquí y ahora.

Noviembre 2

Gracias Dios por mi salud perfecta y el perfecto funcionamiento de mi cuerpo físico, aquí y ahora.

Dios es la sustancia divina que creó y mantiene viva cada célula de mi cuerpo. Dios es la energía divina que fluye a través de mí sanando, restaurando, renovando, perfeccionando y rejuveneciendo cada célula, cada átomo de mí ser. Dios es perfección absoluta manifestándose a través de mi cuerpo físico.

Noviembre 3

Gracias Padre por mi radiante belleza y mi juventud eterna. Gracias por amarme y prosperarme.

Yo Soy un ser de luz. Yo Soy energía divina en plena manifestación. Dios es la luz que ilumina al mundo a través de mí. Yo Soy belleza perfecta y eterna. En el plano espiritual todo es perfecto, bello y eterno. Yo Soy mi ser espiritual en perfecta manifestación en mi cuerpo físico. Gracias Dios porque Yo Soy infinitamente hermoso y perfecto. Soy eternamente joven.

Noviembre 4

Gracias Dios por haberme creado a tu imagen y semejanza. Gracias por mi perfección.

Dios es todo lo que es y existe. Yo Soy uno con Dios. Todo lo que Dios tiene es mío. Todo lo que Dios es, Yo Soy. Dios me ha creado a su imagen y semejanza, por lo tanto Yo he heredado todas las cualidades divinas de amor, armonía, abundancia, opulencia, paz, verdad, vida, belleza y perfección. Gracias Dios por todo lo que Yo Soy.

Noviembre 5

Doy gracias al Universo por darme autoridad y poder para crear mi propio mundo.

Gracias por conferirme el poder de crear mi mundo a mi antojo. Gracias porque ahora sé que soy Yo el único responsable por lo que sucede a mi alrededor. Gracias por decirme a todo que Sí. Yo Soy infinitamente poderoso y capaz. Yo siempre tengo éxito. Yo Soy el amo del Universo. Mis deseos son órdenes que el Universo cumple con infinito amor.
Gracias Padre-Madre Dios.

Noviembre 6

Gracias Señor por darme libre albedrío. Gracias por la libertad que tengo de elegir lo que quiero ser.

Yo tengo una misión especial que cumplir en este mundo y Dios me ha provisto de todos los talentos y habilidades para cumplir con esta misión. Yo tengo el poder de crear y manifestar todas las oportunidades que sean necesarias para acercarme a la meta. Hoy tengo todo el dinero, tiempo y ayuda que necesito para manifestar todos mis sueños.

Noviembre 7

Gracias por el plan divino y perfecto que creaste para mí desde el momento mismo de mi creación.

El plan divino que Dios ha creado para cada uno de nosotros incluye nuestra salud perfecta, nuestra perfecta expresión personal, el amor de todos los que nos rodean y en especial de nuestro complemento ideal y por último toda la abundancia y opulencia del Universo. Con este plan perfecto Dios nos garantiza una vida plena y satisfactoria para siempre.

Noviembre 8

Gracias por mi perfecta expresión personal. Gracias por mi vocación y mi trabajo perfecto.

Dios en mí es mi perfecta expresión personal. Yo Soy un ser espiritual divino y perfecto. He venido a este planeta a cumplir con una misión específica que sólo Yo puedo cumplir. Gracias Dios por proveerme de todo lo que yo pueda necesitar para cumplir con mi misión, gracias por atraer hacia mí a todas las personas, circunstancias y recursos económicos que yo pueda necesitar para darle un excelente servicio a la humanidad.

Noviembre 9

Gracias por mi pareja ideal y la relación totalmente armoniosa y perfecta que disfrutamos.

Dios es armonía perfecta, en el mundo espiritual sólo existe la armonía y el orden perfectos. Aquí y ahora, Yo disfruto de una relación totalmente satisfactoria con mi pareja ideal, esa alma gemela que armoniza perfectamente con todas las facetas de mi personalidad. Nosotros disfrutamos de nuestra mutua compañía y nos aceptamos y amamos exactamente como somos. Es seguro amar. Yo Soy bendecido y prosperado a través de mi pareja y de esta maravillosa relación espiritual y romántica. Gracias por que Yo veo a Dios en mi pareja ideal y ella ve a Dios en mí.

Noviembre 10

Gracias Padre Dios por permitirme disfrutar de toda la abundancia de este generoso Universo.

La abundancia es mi estado natural. En el mundo espiritual Yo lo tengo todo y ahora me permito reclamar esa maravillosa abundancia en mi vida física. Dios me provee de todo lo que necesito. Yo Soy un ser completo. Mi mundo contiene todo. Tengo más que suficiente en todo momento y en todo lugar. Gracias Padre-Madre Dios por tu infinita generosidad.

Noviembre 11

Gracias por la abundancia de alimento que hay en mi mesa; gracias por nutrir mi cuerpo a través de él.

Reconozco y bendigo la sustancia divina que creó y da forma a los alimentos que el Universo me hace llegar. Dios me nutre a través de estos alimentos porque la energía divina está presente en cada uno de los átomos que forman los alimentos que me llevo a la boca. Gracias Señor tu bondad y generosidad. Gracias por proveer de alimento a todos mis hermanos humanos y todas las criaturas del reino animal y vegetal. Te amo.

Noviembre 12

Gracias porque puedo expresar mi amor a través del sexo. Gracias por el placer sexual que disfruto.

Reconozco que el sexo es uno de los satisfactores físicos que Dios ha creado para nuestro deleite y placer. Agradezco el ser capaz de expresar libremente mi amor a través del sexo. Obtengo el placer sexual que merezco y necesito de manera responsable. Amo y cuido de mi cuerpo. Me libero de la culpa y me permito disfrutar del placer sexual. Gracias Dios.

Noviembre 13

Gracias por renovar y perfeccionar cada célula de mi cuerpo. Gracias por sanarme.

Dios es la energía amorosa que fluye a través de mi sanado, renovando, restaurando, perfeccionando y rejuveneciendo cada célula, cada átomo de mi cuerpo. Reconozco y visualizo la energía divina fluyendo a través de mí. Me veo a mi mismo rodeado de luz y siento el poder de esta energía inundando mi ser.

Noviembre 14

Gracias
por mi familia
y mis amigos.
Gracias por
prosperarme
a través
de ellos.
Gracias porque
Soy amado.

El amor es algo esencial en nuestras vidas, Dios lo sabe y siempre nos provee de seres afines a nosotros que nos amen y nos acepten como somos.

La familia y los amigos son hermanos humanos que siempre nos amarán incondicionalmente. Gracias Dios por hacerme sentir tu amor a través de todos los que me rodean y gracias por utilizarme como un medio para hacerle llegar tu amor a otros.

Noviembre 15

Gracias Padre por mi hogar perfecto y por las comodidades que disfruto viviendo en él.

A veces nos olvidamos de agradecer a Dios por las cosas que vemos todos los días y a las cuales estamos tan acostumbrados. Recuerda siempre bendecir lo que Dios te ha hecho llegar, al Universo le encantan los corazones agradecidos. Recuerda que todo contiene a Dios, Por lo tanto, al bendecir las cosas que Dios te ha dado, lo estás bendiciendo a El.

Noviembre 16

Gracias Señor por la riqueza y la opulencia de la que gozo aquí y ahora. Gracias por prosperarme.

Gracias Padre por haber creado un mundo perfecto para mí. Gracias por mostrarme el camino espiritual y darme las herramientas para lograr todo lo que mi corazón desea. Ahora entiendo que Yo Soy el único responsable de mis experiencias en la vida. Yo elijo mis pensamientos y actitudes y estos crean el mundo a mí alrededor. Acepto mi responsabilidad personal y doy gracias por mi despertar espiritual.

Noviembre 17

Gracias por la ropa y el calzado que cubre y protege mi cuerpo. Gracias por hacer mi vida cómoda.

Gracias Dios en mí por todas las comodidades que disfruto en mi vida. Sé que merezco lo mejor y lo más perfecto. Gracias por manifestar para mí todas las cosas buenas de la vida. Gracias por mi herencia divina y todo lo que ésta incluye.

Noviembre 18

Gracias por el perfecto funcionamiento de todos los órganos de mi cuerpo. Gracias por mis sentidos.

Reconozco que mi cuerpo es una maquinaria perfecta y agradezco su perfecto funcionamiento. Agradezco el explorar el mundo físico a través de mis sentidos. Gracias por el placer que mis sentidos me brindan. Gracias por expresar la perfección de mi Cristo interior a través de cada célula, de cada átomo de mi cuerpo.

Noviembre 19

Gracias por mis diversiones y mis ratos de ocio. Gracias por hacer mi vida placentera y feliz.

El descanso y la diversión son necesarios para equilibrar nuestras emociones y disfrutar de momentos que siempre nos harán sentir bien cuando los recordemos. Estos son los momentos que hacen la vida mas agradable, por lo general son momentos que pasamos con amigos y familiares, gente que nos aprecia y nos ama incondicionalmente. Dios quiere que disfrutemos de estos momentos, Dios nos quiere ver siempre felices. Dios sabe lo importante que es para nosotros alimentarnos del amor y la energía positiva de nuestros seres queridos. Ahora me permito disfrutar de mis momentos de diversión sin culpa y sin remordimiento, reconozco que estos momentos son un regalo de Dios y los recibo con amor y agradecimiento.

Noviembre 20

Gracias por mis posesiones materiales. Gracias por todos estos regalos de abundancia.

Reconozco que Dios es todo lo que es y existe. Dios es el dador y el regalo a la vez. Reconozco que todas mis posesiones materiales me han sido manifestadas para hacer mi vida más cómoda y placentera. Dios quiere lo mejor para mi. Gracias Padre Dios por tu infinita generosidad. Ahora acepto que la amorosa energía divina me provee de todo lo que yo necesito. Acepto los regalos maravillosos que el Universo tiene para mí. Gracias.

Noviembre 21

Gracias porque Yo Soy un ser completo. Gracias porque Yo Soy digno de confianza y Yo Soy apreciado.

Yo Soy luz, la luz de mi Cristo interior brilla a través de mí iluminando el mundo. Yo atraigo hacia mi vida gente que aprecia todo lo que Yo Soy. Soy bienvenido y apreciado a donde quiera que voy. Yo Soy un ser completo, mi mundo contiene todo. Yo soy mi propia fuente de todo lo que yo pueda desear o necesitar. Gracias Padre Dios.

Noviembre 22

Gracias por mi sabiduría. Gracias por darme la libertad de elegir, aprender y crecer.

Mi Cristo interior es mi maestro, en El se encuentra toda la verdad y el conocimiento del Universo. Yo puedo acceder a esta sabiduría a través de la meditación y la introspección. Gracias Dios porque ahora tengo acceso a todo el conocimiento que pueda necesitar para cumplir con mi misión en este planeta. Gracias por mi libre albedrío, gracias por mi libertad de elegir. Gracias por todo el conocimiento que estoy adquiriendo porque esto hace mi vida más fácil, placentera y feliz. Ahora sé que Yo Soy amado incondicionalmente por el Universo y esto me da la seguridad de seguir mi camino sin miedo y sin culpa. Gracias Dios por esta maravillosa bendición.

Noviembre 23

Gracias por la creatividad que me heredaste. Gracias por dejarme ser el creador de mi propio mundo.

Hoy acepto mi responsabilidad personal, hoy sé que Yo Soy el único responsable de mis experiencias. Dejo de culpar a Dios o a los demás por las situaciones desagradables en mi vida. Hoy me mantengo consciente de mi divinidad y del inmenso poder que tienen mis pensamientos y creencias. Sé que en el pasado fui yo quien creo todas esas circunstancias en mi vida, aún sin saberlo. Ahora sé que tengo ese poder y puedo usarlo a voluntad. Ya no hay a quien culpar. Me hago responsable de mis actos y mis pensamientos. Gracias Padre Dios por este maravilloso don. Te amo.

Noviembre 24

Gracias por tu divina protección. Ahora sé que vaya donde vaya siempre estaré sano y salvo.

Yo estoy divinamente protegido en todo momento y todo lugar. Dios es la única presencia y el único poder, por lo tanto siempre estoy en la divina presencia del Creador. Dios cuida de toda su creación y Yo Soy parte importante de ésta. Yo siempre voy al encuentro de mi bien más perfecto. Dios es todo lo que es y existe y todo está bien.

Noviembre 25

Gracias Padre por apoyarme. Sé que todo lo que mi mente pueda imaginar lo puedo lograr con tu apoyo.

Todo lo que mis ojos pueden ver, fue alguna vez, un pensamiento en la mente de alguien; gracias al proceso creativo todo esto se pudo manifestar. Sé que cuento con todo el apoyo del Universo para manifestar todos los deseos de mi corazón. Ahora trabajo en todos mis proyectos sabiendo que Dios me apoya y me hace llegar todo lo que necesito para manifestar mis más anhelados sueños.

Noviembre 26

Gracias por la armonía perfecta que manifiestas en mi vida y en mis relaciones con toda la creación.

Dios es armonía perfecta en todo momento y en todo lugar. En el Universo sólo existe la sincronización perfecta de los sucesos. Todo tiene una razón para ser y existir y un momento perfecto para suceder bajo el más perfecto orden. El Dios dentro de mi es el mismo Dios que existe en el corazón de todos y cada uno de los seres humanos que habitan este planeta. Dios mantiene la armonía perfecta entre todos mis hermanos humanos y yo. Gracias Dios.

Noviembre 27

Gracias Padre por la renovación de mi mente y el despertar espiritual de mi Cristo interior.

Gracias Dios porque ahora mi vida es más fácil y más feliz gracias a que estoy aplicando concientemente las leyes del Universo. Mi Cristo interior manifiesta mis más anhelados sueños. Mis creencias están más de acuerdo con los conceptos espirituales que gobiernan el Universo. Gracias Dios porque ahora mi vida está llena de abundancia, armonía y amor.

Noviembre 28

Gracias por mi unidad contigo y por tu omnipotencia. Sé que contigo todo lo puedo. Soy invencible.

Gracias Dios porque ahora sé que soy poderoso y capaz. Amo y apruebo todo lo que Yo Soy. Mi inmensa capacidad de manifestar mis más anhelados deseos proviene de mi unidad con Dios. Yo Soy uno con Dios y todas las cualidades divinas se manifiestan a través de mí con naturalidad. A través de la meditación tengo acceso al inmenso poder de Dios en mí. Gracias.

Noviembre 29

Gracias por tu amor divino. Gracias por perdonar mis errores. Pase lo que pase siempre seré amado.

El amor de Dios es incondicional. Nada tengo que cambiar en mí para merecer el amor de Dios. Fui creado por amor y con amor. Mis errores del pasado fueron necesarios para que aprendiera mis lecciones y evolucionara. Ahora están en el pasado y no tienen poder para evitar que yo viva la vida que merezco y deseo. Gracias Dios por tu infinita bondad.

Noviembre 30

Gracias por mi inteligencia infinita. Gracias por guiarme cuando algo parece imposible de resolver.

Cuando algo parece demasiado difícil de solucionarse humanamente, lo coloco y abandono en las amorosas manos de mi Padre Dios y Él con infinito amor se encarga de armonizar y perfeccionar todo lo que es importante para mí. Pido la guía divina para saber qué es lo que físicamente tengo que hacer. El Universo responde con amor a mis oraciones.

Diciembre Primero

Deshazte de lo viejo y deja espacio para las cosas maravillosas y perfectas que el Universo tiene preparadas para ti.

Me deshago del rencor y el resentimiento. Dejo el camino abierto para el perdón y el amor.

El perdón y el amor son el único camino a la evolución espiritual. No podrás prosperar si no perdonas y dejas ir amorosamente a todos aquellos que te hayan lastimado en el pasado, en especial a tus padres y hermanos que son los seres más cercanos a ti. Perdonar es el más puro acto de amor que puedas ofrecer a los demás. Perdona a otros y a ti mismo. Ahora sabes que todos los errores del pasado fueron cometidos en un estado de aletargamiento de la conciencia causado por el miedo o la ira.

Diciembre 2

Olvido mi pasado, aprendo mi lección y sigo adelante. Vivo el presente y creo mi futuro con determinación.

Lo único que existe es el tiempo presente. El pasado sólo existe en nuestra memoria y el futuro es sólo una ilusión. Aquí y ahora estás creando tus experiencias del mañana. Cuida tus pensamientos, actitudes, creencias y acciones, ellas son las semillas de tu futuro. Recuerda que el Universo te dice a todo que Sí. Tú eliges como quieres que sean tus experiencias futuras, escogiendo tus pensamientos en este momento.

Diciembre 3

Me deshago de mis adicciones y hábitos negativos. Creo hábitos más saludables y constructivos.

Nuestras adicciones son reflejo de un vació interior que queremos llenar con algo externo. Nunca te sientas culpable de tener una adicción, todos las hemos tenido. En el momento que te sientas preparado, tú mismo tomarás la decisión de dejar esas adicciones. Necesitarás tu fuerza de voluntad; recuerda que Dios te apoya y te dice a todo que Sí. Pide su guía para que el cambio sea fácil y sin dolor, como debe ser. Todos estamos en este momento utilizando la energía divina, cuando te liberas de tus hábitos negativos aprendes a hacer un mejor uso de la energía creativa de Dios en ti.

Diciembre 4

Me deshago de mis antiguos patrones mentales negativos y los sustituyo por las verdades eternas.

Nuestra misión más importante en esta vida es la renovación de nuestra mente; el cambiar los patrones negativos por creencias positivas es el reto más grande al que nos enfrentaremos en nuestro camino espiritual, es una pieza clave en nuestra evolución. Enfrenta este reto con amor sabiendo que tú eres el mayormente beneficiado por este trabajo personal tan importante.

Diciembre 5

Dejo atrás las creencias limitantes de mis padres. Elijo mis propias creencias y renuevo mi mente.

Las creencias de mis padres me fueron heredadas con la mejor intención pero muchas de ellas han estado limitando mi progreso espiritual. Elijo de éstas las que me sirvan y desecho las que no me sean útiles. Soy libre para elegir que creer. Soy un ser espiritual inteligente y libre. Elijo mi propio destino al elegir mis propios pensamientos y creencias. Gracias Dios por la renovación de mi mente.

Diciembre 6

Renuncio a creer que no soy capaz. Reconozco mi unidad con Dios y hago uso de mi autoridad.

Yo Soy poderoso y capaz. Cada uno de mis pensamientos es una orden que yo envío al Universo. Cada uno de mis deseos tiene que ser cumplido, ésta es la orden universal. Yo Soy co-creador con Dios y estoy continuamente creando. Hoy estoy conciente de mi inmenso poder creativo y lo uso para mi mayor bien. Mantengo mi unidad con Dios por medio de la meditación y dejo que el Espíritu divino me guíe para hacer un mejor uso de la energía amorosa de Dios.

Diciembre 7

Elimino la enfermedad de mi cuerpo y mi mente reconociendo que Yo Soy salud perfecta.

Yo Soy uno con Dios y El es perfección absoluta. Dios me ha heredado todas las cualidades divinas y reclamo su manifestación perfecta aquí y ahora. Yo Soy vida eterna y salud perfecta por derecho divino. Gracias Dios por la perfección que se manifiesta a través de cada una de las células de mi cuerpo. Gracias Dios por el perfecto funcionamiento de todos los órganos de mi cuerpo.

Diciembre 8

Cambio las apariencias de escasez y limitación reconociendo la abundancia del Universo.

La abundancia es mi estado natural. Yo Soy uno con el Universo entero y Él me provee de todo lo que yo pueda necesitar. En el cosmos todo está resuelto ya. Todo está planeado, todo está provisto. Yo Soy un ser completo, mi mundo contiene todo. Gracias Dios por la infinita abundancia que disfruto, aquí y ahora.

Diciembre 9

Alejo de mi vida a las personas "nocivas" reconociendo y bendiciendo su Cristo interior.

Las personas no son buenas, ni malas, sólo tienen pensamientos, creencias y actitudes positivas o negativas. Para alejar de mi vida a las personas que no estén en mi misma frecuencia de vibración espiritual, basta con reconocer que Dios vive dentro de sus corazones y bendecir su Cristo interior. Dios es armonía perfecta y cuando yo reconozco que El es uno conmigo y a la vez, uno con las otras personas; El se encarga de atraer hacia mí solamente a las personas que armonicen conmigo y con mis pensamientos espirituales mas elevados. Gracias Dios por la armonía perfecta en todas mis relaciones con los demás.

Diciembre 10

Elimino los obstáculos de mi camino reconociendo que Dios es la única presencia y el único poder.

Dios es todo lo que es y existe. Vaya a donde vaya siempre estoy y estaré en la infinita presencia de Dios. Dios es la única presencia y el único poder, luego entonces, nada hay que no contenga a Dios en su esencia. Cuando reconozco que Dios es uno y que todo contiene a Dios, elimino todo aquello que no es perfecto y armonioso.

Diciembre 11

Elimino la envidia de mi corazón y reconozco que Dios es la única expresión en el Universo.

Nada tengo que envidiar a nadie porque Yo Soy un ser único; nadie puede hacer lo que yo hago, como yo lo hago. Me libero de la envidia y del deseo de competir sabiendo que es Dios y sólo El, quien se expresa a través de toda la creación. Siempre habrá en mi camino personas que gocen de mayores beneficios y otras que por el contrario, sufran carencias. Me mantengo conciente de que son nuestras creencias las que determinan nuestras experiencias. "Por sus frutos los conoceréis" Lo que cada quien manifiesta en su vida es un reflejo fiel de lo que ha sembrado en su mente.

Diciembre 12

Me deshago de la pereza. Tomo acción en mi vida y dejo que Dios se exprese a través de mi.

Para manifestar todos los deseos de mi corazón la clave radica en tres sencillos pasos: perseverancia, fe o actitud positiva y acción. Coloco y abandono en las amorosas manos de mi Padre Dios todos los deseos de mi corazón y pido guía para saber que es exactamente lo que tengo que hacer. Hago mi parte para completar el proceso creativo y manifiesto fácilmente todo lo que deseo y necesito.

Diciembre 13

Me deshago de la necesidad de comer en exceso. Cuido mi alimentación y mi cuerpo. Me amo.

Mi cuerpo necesita alimento para mantenerse sano y fuerte. Elijo de la naturaleza aquellos alimentos que mejor le caigan a mi cuerpo; él es sabio y me dice claramente cuando algo no le satisface o le cae mal. Escucho a mi cuerpo y lo consiento. Me ejercito sabiendo que "músculo que no se usa se atrofia". Yo merezco estar en la mejor forma física posible. Entre mejor estoy físicamente, mejor puedo cumplir con mi misión en la vida.

Diciembre 14

Me libero de las preocupaciones. Dejo mis asuntos en manos de Dios y fluyo libremente con la vida.

Cuando algo me preocupa y no lo puedo resolver inmediatamente, lo coloco y lo abandono en las amorosas manos de mi Padre Dios. Hacer esto me hace recobrar mi conciencia de que Dios es todo lo que es y existe. Dios está a cargo de todos mis asuntos, por lo tanto, todo está bien. Dios se encarga de cuidar y proteger a toda su creación y Yo Soy una parte muy importante del Universo. Dios cuida de mi, aquí y ahora. Dios armoniza y perfecciona todos mis asuntos, todo lo que es importante para mí. Gracias Padre Dios.

Diciembre 15

Me libero
de las
limitaciones
que otros
me imponen.
Ejerzo mi libre
albedrío y
elijo como
quiero vivir.

Yo Soy un ser libre y poderoso. Dentro de mí se alberga el infinito poder de Dios. Me deshago de las falsas creencias que otros se han formado sobre mí. Sé que soy exitoso porque el Universo no comete errores y Yo Soy una creación divina, todo en mí es perfecto. Yo Soy perfecto independientemente de cómo me vean los demás.

Diciembre 16

Renuncio al miedo. Reconozco que siempre estoy en la presencia infinita de Dios.

Nada hay a que temer en el Universo entero. El Universo es un lugar seguro para vivir. Dios es todo lo que es y existe. Todo es bueno, todo está bien. Gracias Dios porque tu infinita presencia me protege en todo momento y en todo lugar.

Diciembre 17

Elimino la culpa de mi corazón. Acepto la responsabilidad por mis actos. Soy responsable, no culpable.

Los errores que he cometido en el pasado fueron necesarios para que yo aprendiera las lecciones que me han hecho ser lo que Yo Soy ahora. Me libero de la culpa porque sé que es innecesaria. Me perdono a mi mismo y perdono a los demás sabiendo que no hay errores en la mente de Dios. Aprendo mis lecciones y sigo adelante.

Diciembre 18

Dejo de sentir que no hay suficiente. Yo Soy el hijo de un Universo infinitamente rico y generoso.

La abundancia es mi estado natural. El mundo espiritual contiene todo, todo está provisto, todo me ha sido dado desde el momento mismo en que fui creado. Dios es el dador y el regalo mismo. Gracias Dios por tu infinita generosidad.

Diciembre 19

Elijo dejar de creer que no soy suficientemente bueno. Yo Soy importante, soy poderoso y capaz.

Mi valía viene de Dios en mí. No importa en que circunstancias externas me encuentre hoy; Yo Soy bueno en esencia pues poseo las cualidades de Dios en mí. Dios es infinitamente poderoso. Yo Soy infinitamente poderoso. Gracias Dios porque soy infinitamente capaz de manifestar todo lo que deseo.

Diciembre 20

Me libero de la necesidad de atesorar. El dinero llega a mis manos, se multiplica y fluye libremente.

En el Universo todo tiene su momento y su lugar. Lo que a ti te sobra, le hace falta a alguien más. Doy de lo que tengo con libertad sabiendo que hay más que suficiente para mi, aquí y ahora. Gracias Dios por la infinita abundancia que disfruto. Entre más tengo, más puedo dar y compartir.

Diciembre 21

Elimino
mi necesidad
de aprobación.
Me amo
y me apruebo
sin condiciones.
Soy yo mismo.

Siempre habrá personas a las que les caeré bien y otras a las que no. La opinión que los demás tienen de mi está más bien basada en sus patrones mentales que en mi misma personalidad. En la vida de los demás soy sólo un personaje que ellos mismos han inventado. Lo que Yo Soy va más allá de las opiniones ajenas. Soy yo mismo y soy aceptado exactamente como Yo Soy.

Diciembre 22

Me deshago del dolor, es inútil. Vivo mi vida y aprendo mis lecciones sin dolor. Vivo alegremente.

Me deshago de la idea de que "hay que sufrir para merecer". Yo vine a este mundo material a aprender, no a sufrir. Sé que hay mucho que aprender y lo hago con alegría. Doy gracias por la maravillosa oportunidad de estar vivo y ocupar un cuerpo físico cuando hay millones de almas esperando por esta oportunidad.

Diciembre 23

Evito mentir. Hablo con honestidad y sinceridad. Soy aprobado, respetado y bienvenido.

No hay ninguna necesidad de mentir. Una mentira te lleva a mentir una y otra vez para cubrir la primera. En el Universo, la única ley es la verdad. Dios es la verdad absoluta y nada hay que pueda mantenerse oculto para siempre. Decido hablar siempre con la verdad pues sé que, tarde o temprano, ésta es lo único que prevalece. La mentira siempre lastima, la verdad no. Soy reconocido como un ser honesto y sincero. Gracias Dios porque la verdad es la única ley en mi vida.

Diciembre 24

Me libero de la ira. Elijo reaccionar con tranquilidad ante los eventos de mi vida. Estoy en paz.

Fluyo con la vida y sé que todo suceso o circunstancia en mi experiencia material tiene una razón para ser. Acepto con tranquilidad los acontecimientos sabiendo que Dios está a cargo de todo lo que es importante para mí. Reconozco que cada circunstancia "adversa" en mi vida trae consigo sus propias semillas de prosperidad. Veo el bien en todo lo que sucede a mi alrededor.

Diciembre 25

Coloco y abandono en las amorosas manos de mi Padre Dios todo lo que no me deja ser feliz. Me libero.

En la vida siempre encontrarás circunstancias que te impidan ser feliz; pero no son las circunstancias las que te roban la felicidad, es tu actitud ante dichos sucesos lo que te impide ser feliz. Una misma circunstancia en la vida de dos personas puede significar una tragedia en la vida de una y una bendición en la vida de la otra. Todo depende de cómo encares lo que sucede a tu alrededor. Eres tú quien convierte los sucesos en positivos o negativos, recuerda que eres tú quien decide como reaccionar ante ellos.

Diciembre 26

Dejo atrás las relaciones conflictivas. Doy la bienvenida a la armonía perfecta.

En el mundo espiritual todo es armonía perfecta. Yo puedo manifestar esta armonía en mi vida física reconociendo que Dios es todo lo que es y existe y que Dios habita en mí y en el corazón de todos mis semejantes. Reconozco y bendigo el Cristo interior en el corazón de todos mis hermanos humanos y decreto armonía perfecta entre todos ellos y yo. Gracias Dios porque esto es hecho y manifestado, aquí y ahora y así es.

Diciembre 27

Niego la escasez y la limitación. Abro mis brazos a la prosperidad. Recibo la abundancia del Universo.

Dios me ha provisto de todo lo que yo pueda necesitar para llevar una vida plena, satisfactoria y feliz. Utilizo mis talentos y habilidades para crear y manifestar una vida abundante y maravillosa para mí y todos mis seres queridos. Abro mis puertas a la prosperidad y doy gracias.

Diciembre 28

Reconozco mi autoridad sobre la materia. Creo para mí el mundo perfecto y armonioso en el que quiero vivir.

Yo Soy el amo del Universo. Tengo potestad sobre todo lo que mis ojos puedan ver. Declaro dominio sobre la parte del Universo que me pertenece. Hago uso de lo que Dios acerca a mis manos y lo dejo fluir para que mis hermanos humanos también lo disfruten. Gracias Dios por la maravillosa oportunidad de servir a la humanidad haciendo uso de mis talentos.

Diciembre 29

Me perdono por mis errores del pasado. Reconozco que hice las cosas lo mejor que pude. He aprendido.

Reconocer mis errores del pasado me hace darme cuenta que he crecido espiritualmente. Sé que ahora soy capaz de hacer las cosas mejor y eso me satisface. Al mirar hacia atrás en el tiempo me doy cuenta que hubo sufrimiento sólo cuando me resistí a crecer; cuando me permití fluir con las situaciones fue más fácil aprender. Ahora acepto todo lo que el Universo tiene preparado para mí sin cuestionar. Acepto que todo lo que Dios tiene para mi es bueno y perfecto como lo es Él. Si la fuente es buena, todo lo que emane de ella también lo será. Gracias Dios por tu infinita bondad.

Diciembre 30

Ahora reclamo mi herencia divina, todo aquello que por derecho me corresponde. Gracias Dios.

Todo es mío para usar y compartir. El Universo es una especie de cooperativa donde cada quien toma lo que necesita, lo usa y lo regresa. Reclamo lo que a mi me corresponde, lo uso, lo disfruto y lo comparto, sin apego, sabiendo que es mío y de todos los demás.

Diciembre 31

Agradezco todo lo que he manifestado hasta ahora. Es mío y nada ni nadie me lo puede quitar.

Lo que hasta ahora has logrado manifestar, gracias a tu estado de conciencia, es tuyo, y si por alguna razón, lo "perdieras", sábete de una vez que lo recuperarás porque es tuyo y nada ni nadie puede cambiar eso, sólo tú, si vuelves a tu antiguo sistema de creencias. Recuerda que tú eres el único responsable de lo que sucede a tu alrededor. Mantente conectado con Dios en ti y consiente de tu unidad con el Universo. Disfruta el maravilloso viaje de la evolución espiritual. Te bendigo y te amo.